U0011379

哈囉!
山上的朋友

台20號
南橫公路之旅

葉思吟
吳治華
著

我的故事是從地區、城市、風景或者街道開始的。
對我來說，地圖同時也是劇本。

《樂士浮生錄》導演
文・溫德斯 1986 年

※台 20 號南橫公路高雄段示意圖

一段數不盡的風光
往內檢視自己的旅程

作　者 × 葉思吟

2018 年啟程，歷經一年多，沿著 20 號公路，也就是一般人熟悉的南橫公路西部段，從高雄甲仙到梅山，來回開車次數已經數不清，透過一個一個認識、推介和拜訪，慢慢串起了這份書寫計畫的樣貌。

一切的緣起，也許可追溯自 2000 年時開始參與《此後》紀錄片的拍攝，每每前往小林村路途中，總會經過甲仙；而後，由於熟悉的南投地利部落布農朋友的家人在桃源與建山服務，開啟我們經常往返這條公路的契機，一點一滴，激勵我們企盼透過書寫，讓更多人認識住在山上朋友們的精采故事，進而大方走進聚落，認識同樣生活在這塊土地上的同胞們。

這期間，恰巧遇上八八風災後 10 周年，也就是 20 號公路南橫斷線 10 年，至今，從高雄直通台東的日子仍處於渾沌之中，「每一年都說要通車，但都是雷聲大雨點小」，至今仍是年年期盼，年

年等不到……，有失落、有掙扎，更有不願意放棄的勇氣。

這一路上遇到的朋友們，幾乎都是從陌生慢慢熟悉，隨著他們的描述，彷彿也經歷了這些年來的變化，有些人在災後被迫轉型；有些人趁重建過程，沈潛學習；有些人則由於風災，因禍得福；也有些人，因此更投注心力於號召、期盼更多年輕人回到家鄉，回到部落，許許多多的可能與不可能，都在這裡持續發生中。

經過近約 400 天的田野採訪，藉由一次次的訪談、聊天，我們也越發了解住在 20 號公路上朋友的點點滴滴，還有他們如何樂觀地生活著，無論是否曾經一夕間一無所有，又或者，在看似日漸蕭條的景況中，仍然堅毅地往前邁進，不放棄開闢另一片天。

終於，千呼萬喚終盼到那一天。

2020 年的 1 月 13 日早上 8 點，20 號南橫公路，封閉搶修逾 10 年後，南橫梅山口至天池段終於復通……，儘管還是有限制地開放，但這一天，對沿線的居民來說，象徵另一階段「重生」的開

始，未來的故事仍持續發生中。而我們也很幸運
獲得高雄市文化局的書寫高雄計畫肯定與出版補
助，終於能在 2020 年底聖誕節前夕定稿，出版
這本書。

公路故事，總是如此吸引人。隨著時光推移，帶
領著我們往前探索，欣賞沿途數不盡的風光，也
往內不斷檢視自己。

南橫住民的強韌精神

協作者 × 吳治華

在98年莫拉克風災重創前，這條路大概已經走了五、六回，有時是懷著觀光旅遊的心態，從西到東或從東到西，有時是為了訪談東岸的有機茶農，記錄他們的心路歷程而去；記得在風災前的七月下旬，還從台東海端進霧鹿、利稻，去探訪當地布農族的茶農，之後開車前往台南玉井，一路上跟葉子談到南橫的景觀很自然，保留了許多原味，較之島內其他公路有清新脫俗之美，心目中頗有將南橫列為台灣公路首選的味道。

殊不知沒隔幾天就逢巨變，遷村封路重建再生，一晃眼十年過去了，我們再踏上這條路時真是感慨萬千，道路有的改道，有的拓寬，橋梁也新建好幾座，受災部落也遷徙至其他區域。那時只通車到梅山，我們沿路接觸到的人幾乎都神采奕奕，雖然受災是事實，但從他們身上只看到打拚再奮鬥的強悍，儘管東西岸完全通車時程仍在未定之天，不過，他們已經知道，用心栽培的物產、精心製作的商品、美食才是沿路住民珍貴的資產。

一條受災的路、斷了十多年，另一條不認命、不服輸的路，同時暢通了十多年，沿路值得探訪的朋友很多，熱情率真積極是共同的特質，我們礙於人手及互相的時間安排，雖數度面談，也只能記錄不到 20 位朋友的身影，希望未來有機會能繼續這個饒富生命意義的訪談交流，介紹更多南橫路上的朋友讓大家認識。

南橫公路與荖濃溪相依相存。

推薦序 01

/ 一條路，一些人 /

政治大學傳播學院 × 鄭自隆

台灣的美，美在都市、美在海邊，也美在鄉間；鄉間有山、有水、有路；有路就有人，有人就有故事。

每個人都有故事，故事是獨特的（稱之 unique），故事也會感人（稱之 impact），故事連結其他的人事物（稱之 relevant），三者連結就是原創的 IP（稱之 original），這是傳主的人生軌跡，對讀者，是分享或偷窺他人生命，也是經驗的再延伸。

〈台 20 號公路〉就是南橫公路，從台南或高雄直直的開，就會到達台東的關山、池上，不用繞過南迴公路，風景絕美，人煙雖然罕至，但還是有人落戶，當大家都往都會擠，這些人願意留在山裡，無論賣冰、種芋、燒陶、養菇，或是投身文史挖掘、地方創生都是一篇篇的感人好故事，這些山裡的故事，說它是台灣的世外桃源，誰曰不宜。

世外桃源，芳草鮮美，落英繽紛，阡陌交通，雞犬相聞；台灣世外桃源處處皆是，作者葉思吟，

受過完整新聞訓練，也當過記者，在上課、工作之餘用了一年多的時間，不知道開了多少趟的山路，熬了多少夜，完成《台20號南橫公路之旅》。

這是一條路、一些人的故事，勤快的葉老師應該不停歇的，還會有另一條路、另一些人的故事可以寫、繼續寫。

2020 年中秋

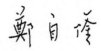

推薦序 02

/ 做研究，發掘聚落的精彩 /

義守大學特聘講座教授／前校長
中興大學前校長 × 蕭介夫

走進臺灣聚落，透過田野探訪，才能真正發掘箇中精彩故事。

一路走來，我不斷鼓勵身邊人，凡事都要秉持「做研究」精神，運用邏輯性思考，探尋事情發生背後的脈絡，然後找出可能解方。

兼具傳播理論與實踐家兩種身分的葉思吟，長期耕耘文化傳播領域，這本書，跳脫坊間以美食或景點為主題的公路旅遊書框架，藉由一步一腳印、一次又一次的對話，融入社會學的眼光，引領我們更深一層認識熟悉又陌生的山上朋友，讀來十分盡興。

期待下一條公路之旅的邀約。

推薦序 03

/ 用心看見更動人的故事 /

義守大學校長 × 陳振遠

好的故事，能夠感動人心，影響深遠，而寫故事的人，即是那背後重要的靈魂。

大學近年來積極推動「USR 大學社會責任實踐」，鼓勵師生走進部落與社區，貢獻所學，協助改善日常生活場域的問題；然而，站在同理心的角度，陪同在地人發掘問題、了解問題，進而提出可能的解決方案，則是這些計畫最關鍵的核心。

這本書作者葉思吟透過走進部落、聚落，一次又一次，從陌生到熟悉，自一位觀光客角色轉化成在地人朋友，藉由田調、紀錄與書寫，帶領我們看見台 20 號南橫公路上的朋友，如何從困境中重新再站起來，更深入看見關於在地文化復振的深層意涵，一篇篇精采故事的背後，也融入在地產業發展面的多元面向，值得細細品味。

帶著這本書，展開一段豐富的台 20 號南橫公路之旅吧！

陳振遠

推薦序 04

/ 做個有深度的旅人 /

牧師 × Aka.Lubi Lin

作者葉思吟小姐，平常我們都喊她葉子。初次見到葉子是在高雄鳳山「有・野餐」辦的一個市集活動，當時她受邀來擔任市集的講座主講人。我還記得她當天的題目是關於有機茶的進路。難忘她談起有機茶葉時，那專注發亮的神情，那是一種熱忱，是一種對於自己所愛的事物所自然流露出的自信。

葉子愛山、愛旅行、愛文化，愛美食，更愛人與人之間有溫度的互動。幾次她與先生吳治華開著車上山來教會找我，與我們一同吟唱布農語聖詩、讀布農語聖經。下午的時間，我們喜歡在有陽光灑下、爬滿愛玉藤的森林中喝茶，吃點心。

有一次聊起台 20 號沿線各村的故事，聊著聊著，我們感嘆地說：其實南橫公路不只有俗稱「鬼斧神工」的美景可看，這裡其實也是許多台灣重要農作物的重要產區，譬如愛玉、梅子、紅肉李、金煌芒果；更是高雄布農族、拉阿魯哇族的主要居住地。但很可惜大部分來玩的人都匆匆地來、

匆匆地走，少有人能深入的了解在地文化和生活。

葉子說，如果有機會能把南橫公路上每個村子的特色寫出來，一定很有意思。就這樣，她用心地訪問、實地探查，完成了《哈囉！山上的朋友：台20號南橫公路之旅》這本書。在這本書中，你會看見不一樣的南橫、不一樣的旅行提案，也許是植物的、也許是文化的、更有人文關懷。捨去了大眾化的觀光景點，更多的是要讓讀者跟著她感受到這塊土地的真正溫度。

旅行之於你的意義是什麼呢？有人說過，旅行是生活的必要部分，能使生命更精彩並有深度。邀請你跟著《哈囉！山上的朋友：台20號南橫公路之旅》來南橫桃源山區走一趟，用不同的角度和眼光，重新發現高雄。

地方之美：
/ 給中小學老師的一堂社會課 /

東華大學教育與潛能開發學系教授 × 李崗

面對台灣十二年國教的教育改革，許多現場老師心中充滿疑惑：什麼是素養？該怎麼教？考試怎麼考？

從存在美學的角度來說，山上的朋友如何在艱困的生活環境中，找到自己願意繼續堅持的夢想，這些故事的背後，其實揭露著活生生、血淋淋的歷史經驗，向讀者述說著存在的勇氣與生命的意義，這是人文素養的面向。

從公民美學的角度來說，南橫公路何時全線通車，反映的不只是這些社區居民的交通問題，更是一個政府如何規畫、執行與評估其效益的政策問題，不同的利害關係人如何影響公共政策的推動，這是公民素養的面向。

從生態美學的角度來說，原住民、漢人、新住民交織出多元文化的生活空間，這些人對這塊土地所投注的情感，這塊土地為這些人所帶來的希望，

透過這條公路的成與毀，大自然如何展現她的美麗與尊嚴，這是生態素養的面向。

由此可見，社會課最好的教材，不是教科書編輯所撰寫的課文內容，而是學生認真參與的田野經驗，就像作者葉思吟一樣，透過背包客的腳、研究者的腦、基督徒的心，用文字工作者的專業，描繪出自己所見的地方之美，這正是我們期待學生應該具備的素養。

2020 寒露之夜

推薦序 06

/ 用故事力書寫南橫的人事物 /

台東高中校長 × 蔡美瑤

翻閱一則則 20 號公路沿途的部落故事，看到的不只是產業與生存，更是展現作者葉思吟與吳治華精準的觀察及筆力。

在每篇動人的返鄉或青創故事中，見到生命力及湧動而出的文化傳承使命，這些都讓人動容，進而讓我們想連結和參與，這就是這本書所帶來的驅動力與影響力，真心推薦給大家。

目　錄

part 1 × 甲仙

part 3 × 寶來

part 4 × 高中

part 5 × 復興

part 6 × 桃源

Part 1

甲仙

哈囉！山上的朋友：台20號南橫公路之旅

08

01 老街上的彩繪傘。02 茂盛芭樂樹。03 甲仙「好好」。04 芋頭伯與甲仙橋。05 街景日常。06 甲仙名物。07 鄉下曬製風景。08 災後重生印記。

文化尋根踏上新旅程
葉志禮：平埔族比想像深遠

第一站 ╳ 甲仙 01

　　約見面的地方，不在咖啡店，不在廟口，而是在「公廨」。一個略感陌生，甚至有些畏懼的場所。

　　距離約定時間還有十分鐘，我把車停在芭樂園旁的福德廟邊，才下車，在地媳婦便問我「找誰呢？」我答「與葉志禮先生有約」，對方毫不遲疑告訴我「他應該在公廨那，你往上走便能看見……」半信半疑，但在鄉下大白天，心想不妨走走看看也好，索性往果樹園小徑走進去，「總是要看看在地人家的真實生活」，我心裡這樣想著。

　　遇見的第一個人，大太陽下坐在石堆旁，不像在滑手機，卻也看不出來正在忙啥，「請問您是

葉大哥嗎？」他頭也沒抬即應著「我不是喔，你要去公廨找他」，這樣啊，我嘀咕著，只是，「公廨」究竟在哪呢？外觀如何呢？眼前只見一片片果園和散落民家，連個方向都無法把握……。

遇見農村日常 從「公廨」開展一切

這時，瞧見民舍鐵皮屋下有兩、三人身影，自然而然往前靠，但更吸引我的是大埕上晾曬的棉被，以及攤在地上吸收陽光的片狀物，「是蘿蔔嗎？還是筍乾？」一見到大嬸劈頭就問，只是他並未馬上回答我，而是先拿了張椅子給我，「要坐下來聊聊天嗎？」我轉身看見一大桶一大桶的筍乾製作器皿，問了問「這還有在運作嗎？」……正聊著鄰里大小事的阿伯沒直接搭理我，停頓了一下反問「你找誰呢？」

這就是鄉下的日常吧！恬淡、隨興、不刻意附和。面對陌生人，不疾不徐，不卑不亢，但沒忘了請人入座。

　　眼見約定時間接近，還是撥了電話，葉大哥問我所在地點，「我過去找你」，並在兩分鐘內就出現在眼前。很自然地，帶我往「公廨」方向走，原來就是一旁看起來像茅草屋的小建築物啊！若非明眼人引路，外地人也很難認識這裡對平埔族人的重要意義，葉大哥也藉由這裡做為起點，踏上他未曾想像過的人生旅程，同時串聯起越來越多人的文化記憶。

兩塊石碑引發興趣 傳承「向頭」說神奇

　　從職業軍人退休後，葉志禮回到家鄉「阿里關」—— 距離甲仙市區約 10 分鐘車程、平埔族人主要聚集點，聚落拜漢人的神、生活習俗幾乎漢化，讓人很難區辨這裡隱藏著原住民脈絡，直到有一天他偶然機會陪同大學師生前往大廟（玄天上帝廟）追尋古老石碑歷史，驚覺自己與聚落人對周遭文物十分陌生，才起身投入文化考察與田野調查，透過和老人家聊天紀錄，慢慢發掘平埔人獨特的生活樣貌，再藉由四處驗證，抽絲剝繭出家族本源於平埔族中的「大武壠」支系。

　　這些文化追溯歷程，聽起來只是一句話，但葉志禮前後已經投入三年時間，跑了全省 139 處平埔「公廨」，並透過各種細節確認，才得出些許可做為佐證的關鍵元素，包括不同支系的祭拜時間差異、對於「太祖」稱呼方式有別等面向，這一路追溯下來，除了更加了解「公廨」的公共聚會所意義，也對平埔族人的遷移史逐漸掌握，「阿里關這裡可能從明朝就過來了」，他這樣表述著。

基於使命 矢志復振平埔文化

　　我好奇追問葉大哥，關於他所說的「向頭」有何涵義？為何願意投入那麼多的時間與資金探索過往？以及「復振」平埔文化，對現代族人又有哪些實質助益？

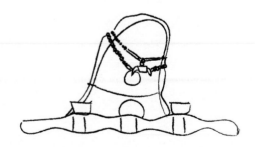

他毫不猶豫地回答我「是一種使命吧！」而且是「太祖們要我承擔起的責任」，無法抗拒，更難以放下。我們站在「公廨」前長達半小時，聽他聊起一路上神奇遭遇，鉅細靡遺，直讓人感覺神靈就在身邊；而後我們漫步阿里關聚落，途經已被列為保護的百年茄冬樹，旁有一古井仍在使用中，老木舊石橋、紅磚土角厝，彷彿時空停滯，重返百年前。

然而，百年前來到這裡的平埔人，其實背後有段辛酸史，即使到了近代，日本人進駐後，也曾發生過 1915 年「甲仙埔事件（主戰場在阿里關）」、1933 年「小林事件」等抗爭慘劇，當時在土地被強制徵收、刀器遭沒收的窘境下，300位壯丁手持削尖的竹子，力抗握有優勢槍械的日本軍警，在明知難以成功的情況下，仍奮力一搏，只為了爭取生存空間，最後在不敵日本軍下，族人生機也慘遭輾壓，爾後更快速漢化，以免受到歧視，而這「或許也是許多老一輩不願意多提起真正身分的原因吧！」

之所以如此感嘆，葉志禮不諱言前兩年嘗試整修「公廨」、召喚族人共同參與的過程十分坎坷，經常一個人疾呼卻未獲得回應，甚至幾度對文化

復振深感無力，但每當想放棄念頭興起時，就會有人找上門想求教或報導，「冥冥中好像要我繼續下去」，甚至為了四處探訪、收集資料，而必須自掏腰包東奔西跑時，自然就會有工作找上門，「雖然無法富裕，卻也足以生活」，支持他走到現在。

慶幸的是，曾經的低迷，在去年底忽然間翻轉了。「有次聚會時，族人自主性的提起太祖等名號」，象徵對自身平埔文化的重新看重，有人捐地，有人出力，一同動起來整建「公廨」，也願意公開分享「公廨」對平埔人的特殊意義，齊力回歸原點、取材在地，運用例如竹片、檳榔樹幹、黃藤編織捕獵工具等，打造傳統男子聚會所的傳統面貌，期待喚起更多年輕人對族群的認同，進而學習太祖們的智慧，找回現代快速生活中失喪的價值，藉由深究祭典與儀式時序意義，體悟天地人之間的生態平衡。

註解：公廨，大武壠語稱為 Kuba、Kuva、Kuma，漢字亦作「公界」、「公垺」，對於大武壠族等平埔原住民族來說，是祭祀阿立祖、太祖等祖靈的場所，但也亦具有「青年會所」、「議事場所」等功能，也就是以男性為主體的聚會所。

甲仙芭樂扎實自然 不出名卻好品質

這些年，阿里關人除了恢復文化祭典，也多次舉辦小旅行，安排城市人採摘龍鬚菜、芭樂，以及在當地人家過夜等，一度獲得好評，但隨著遊客層次多元，對小旅行的期待難免有落差，例如採摘芭樂挑選有學問，但由於遊客無法理解導致預期效果不彰，產生彼此誤解，反而讓參與者心生倦意，回到以農作為主的產業生態，不再勉強討好，聚落又回歸平靜。

對於這些轉變，葉志禮倒不以為意，因為他心中思思念念的，都是如何重現傳統平埔文化、如何吸引更多年輕人回來？如果可以，他很想把屬於平埔人的圖騰塗鴉在聚落牆面上，讓外來客很快能辨識出這裡的「原民」內涵，願意駐足聆聽「公廨」的故事，進而認同平埔人的母系社會生活風貌。

探索、認識甲仙 找他就對了
潛心在地文史 游永福樂在「回甘」

第一站 ✕ 甲仙 02

　　在甲仙百年老街—和安街上、甲仙市場旁有間書店，開設迄今已逾 30 個年頭，不起眼的老木構屋，擁擠的書櫃、文具擺設，讓狹小的空間顯得有點舉步維艱，但當有學生上門買東西，老闆游永福即刻就能很輕鬆的拿出商品，看來這是一個亂中有序、雜中有律的經營之道；已夠資格領老人年金的游永福，個頭不高但手腳俐落，若不是幾許灰白點綴髮際，實在看不出他實際年齡。

　　鳳山高中畢業後，早在民國 63 年就隨二姊北上，曾在萬華老松書局、重慶南路建宏書局工作，因對文學十分有興趣，在中學期間就嘗試寫作詩及散文，當年在書局的日子也趁空讀了不少相關

的書，4年後還把積蓄全部投注在淡水，自己開了一間書局，並在其間結婚生子，也不時投稿報刊。

從淡水到回鄉 念念不忘開書店

如此安定的生活過了 10 年，因健康及家庭因素結束書店經營，毅然決然回甲仙休養，但為了生計及興趣，不久後又在甲仙重開書店至今。

稱自己為「福佬客」的游永福解釋說，這意指忘記客語、只會說閩南語的客家人；也許因母語的轉變，在潛意識中就不喜歡歷史，所以過去創作過程中完全不碰跟歷史有關的主題，直到民國 88 年，被詩友旗山江明樹提醒「生為在地人，就應為在地文史盡份心力，有了文化薰陶，作品也會更有生命」，才開始踏入文史領域，尤其當年不久後的九二一大地震，甲仙也有一些山川異變狀況，更讓游永福覺得滄海桑田的文史探索紀錄十分重要。

萬事起頭難，考據文史亦然，游永福把大量閱讀文史書籍當基本功，但雜亂無章的涉獵也易令

人迷惘，他一度不知要從哪切入；直到民國92年，台南文獻會將赤「嵌」樓正名為赤「崁」樓、並提出市面上「羹」與「焿」兩字的爭議後，點燃了游永福體內熱愛文字的火苗，便一頭栽入考究「焿」字的起源。

「焿」字燃起文字愛 投稿刊出大獲肯定

幾多查證後，他發現「焿」其實是形容先民熬煮鹼水的過程，所用材料因地域不同而有別，大體上不外稻稈、黃荊、桂竹等，燒成灰之後，經熬煮沉澱撈渣過濾，即產生自然鹼水，可用來做鹼粽、鹼粿，為先民重要的食物，而這個「焿」字只有臺灣在用，其他華人地區未曾見過，後因發音與「羹」相同，市面上的勾芡食品漸以焿字取代，至今已普遍俗用了。

相關的字義探源及辨正文章獲《中國時報》刊出後大獲鼓舞，游永福便開始進行甲仙文史探索，不時請教專家學者，學習研究方法及考據之道，經過五年不懈的鑽研，完成了《甲仙文史記事》出版。特別的是，游永福是以一個高中畢業、未

受過正規學術教育，全憑個人興趣完成文史探索
出版的罕見案例，但游永福不以此為自滿，反而
因踏入這個領域，深知文史探索工作是嚴肅的，
需要周延的考據、完整的論述，自認是門外漢闖
入大觀園十分唐突，也因此讓他以更嚴謹的態度
繼續探索甲仙文史。

梳理甲仙 MAP：先民、老街與老店

根據游永福的訪談及口述，再參考他著作的
《甲仙文史記事》一書，發現與台 20 線（在甲

仙為文化路）垂直交叉的和安街為當地發展最早的一條街道，迄今已逾百年，老街上「贊生堂藥舖」為甲仙最早創設的中藥房（創立於西元1906年），目前仍在營業，而在同一年，位於游永福普門書店旁的甲仙公有市場開市，比旗山最早的市場還早了三個月，可見當時甲仙民生需求的盛況；而在現今和安街46號的地方，當年曾開設過「販仔間」，類似現在的旅館，為當時最具規模的旅店，主要是提供外地來甲仙做買賣的販仔休憩落腳之處。而這些創業者都是桃竹苗地區熟稔樟腦製造、採集的客家鄉親移入定居，並廣泛的教授當時在地不會製作樟腦的平埔族及閩南人，自1906年起樟腦業的發達可說是帶動甲仙發展的最大因素。

臺灣光復後，嘉義雲林山區的住民因生活需求而紛紛向外移墾，民國35年起就有來自嘉義梅山瑞里、瑞峰、太和等地及雲林草嶺的住民移入甲仙，因他們多來自高海拔山區，所以鄉民多以「頂頭人」稱之；到了民國40年，嘉義竹崎住民移入人數大量增加，這個階段也是早期甲仙人口成長的一個高峰期。

　　頂頭人與之前桃竹苗移入者不同的是，來到甲仙不再投入已漸沒落的樟腦業，而是將在嘉雲山區最熟悉的植株造林技藝帶來推廣，當然也將西岸農業種植技能移入，甲仙的廣大竹林就是那時植栽的，稻米、樹薯種植面積也大為增加，而林班地經伐木後的土地益顯肥沃，甲仙芋頭種植也成為那時的主力農作；頂頭人不但帶來嶄新的生活風貌，也會經營相關生意，在和安街74號及50號先後開過糕餅店及雜貨舖，都曾風光一時。

　　甚至在民國55年還開設甲仙第一家民營的「明星戲院」（位於現今甲仙警分駐所旁巷子內），在沒引進電視之前，是鄉民最大的公眾娛樂中心；如今雖片瓦無存，但駐足甲仙分駐所前，恍惚仍能感受到五十多年前戲院外人影綽綽、人聲起落的盛況。

　　甲仙發展歲月中，早期住民的家宅於今何在？似乎走在和安老街上也看不到古早厝的樣貌，游永福說這就是時代演進巨輪的威力，最早的茅草屋（以竹材、菅榛─五節芒或土角編構疊砌而成）因易遭風雨侵蝕而漸被頂頭人引進的石構屋取代，大約在光復後開始，甲仙民居已普遍重視「礎

石」（柱下石）的屋宅建築方式，石構屋因牢靠、耐風雨種種優點而成為鋼筋水泥工法引進前的甲仙民居建築主流，但在現代工法普及後，甲仙的石材建築改的改、拆的拆至今已蕩然無存，目前在甲仙郵局後，貓巷邊的陳家老宅石埕，大概是碩果僅存的石構建材遺跡了。

南橫通車後 甲仙 = 芋冰城

民國61年底，南橫公路（台20線）竣工通車，頓時引入大量遊客，甲仙的餐飲業如雨後春筍般林立，早在民國59年就創立的幾間專賣芋頭四果冰的冰店也擴大成立「芋仔冰城」，從此打響甲仙芋頭冰的名號，也帶動甲仙芋的芋冰城產業，在文化路（甲仙大道）左右一家又一家的開設，來甲仙的遊客便養成了一個慣性，到甲仙吃芋冰，吃完芋冰就掰了，這個風氣竟讓甲仙成了「蜻蜓點水」的中繼點，而和安老街的文史滄桑更乏人問津。

　　游永福感嘆，生於斯長於斯，實不忍甲仙過往就此遭人遺忘，才會在返鄉後選擇投入文史鑽探紀錄的志業，至今已成甲仙文史、鄉土領域的重要代言人，游永福發願，只要還能走動，就願帶領遊客穿街走巷尋屋探點，把甲仙上百年的發展史及先民的艱辛創業過程簡報、導覽給大家，讓遊客不再以為甲仙只是個芋冰城。

{ Tips }

甲仙化石館幕後故事原來是這樣

　　在網路搜尋臺灣化石，一定會看到「甲仙化石館」的資訊，很多人會感到奇怪，甲仙地理位置不怎樣，處在玉山山脈南段，周邊山嶺起伏跌宕，平地不多，而且多倚靠楠梓仙溪貫穿全區及其支流沖刷出的河階地或沖積平地維生，若雨季時溪水暴漲氾濫成災，居民就顆粒無收了，這樣一個窮山惡水的地方怎會有那麼多海洋生物化石？

回頭來看，在南橫公路通車後，甲仙除了餐飲業外，最受遊客注意的，其實還包括不少店家擺攤賣在地採掘的化石；不過，當採購者越來越多後，時任鄉公所秘書的曾德明痛心甲仙文物竟如此流失在外，遂開始投入化石研究並爬山涉水去採集，皇天不負有心人，將近浸淫十年後，曾先生於民國 72 年起陸續採到了知名的「甲仙翁戎螺」、「高雄紫紅蛤」等十多種新品種化石，後來還受到中研院專家重視，前來楠仔（梓）仙溪及荖濃溪流域查勘，並挖掘出石器陶器農漁具武器等物品，顯示此地區早期就有先民入住墾荒，並從大量海洋生物化石出土狀況研判，高雄這個區塊的地層可追溯至中新世，為地殼造山運動後的遺跡，彌足珍貴。

到了民國 83 年，經過十多年採掘，曾德明已收集大批的甲仙化石，這些耗費他無數時間金錢體力的收藏，無私的全部捐出成立「甲仙化石館」進行專業典藏，並開放讓全台中小學參觀及戶外教學；從曾先生開始採掘化石到成立化石館共歷時廿年，自館藏啟動後，甲仙市面已看不到再有人販售甲仙化石，也讓甲仙人知道這種在地寶藏不是用金錢計價值的，一個化石夢推廣了全區住民的愛鄉愛土愛文史的風氣，並且憑一己之力一人成館，至今甲仙人對曾德明的無私貢獻仍津津樂道，十分樂意與外來遊客分享。

追循湯姆生足跡 重新挖掘甲仙

在搜羅甲仙地區文史文獻過程中，游永福發現有三位洋人，早在清朝晚期就陸續由西向東來過甲仙周邊地區探訪過，巧的是這三位洋人都來自英國，必麒麟（具水手、商人、海關職員、冒險家多種身分）及馬雅各醫生（英國基督教長老教會傳教士，為第一位駐台宣教師，與馬偕醫師齊名，在台南創設台灣第一間西式醫院：新樓醫院）兩人結伴於 1865 年底，在漢人苦力及平埔族人陪伴下從府城（台南）出發，一路翻山越嶺進入內山區域。

1871 年，馬雅各醫生帶領湯姆生（探險家、攝影師）再走入內山，留下許多珍貴的人類學、文化樣貌與山川溪流等紀錄照片。

根據必麒麟著作的《歷險福爾摩沙》一書中記載，他們一行已深入接近現在荖濃附近，但進荖濃前的「芎蕉腳」卻不知是現在的哪裡。

游永福為了查證這個現已消失的地名，遍尋文獻資料及相關專家的著作，終於查出芎蕉腳就是現在甲仙區內，約在從台南過來的台 20 線與從

旗山而來的台21線交會處，但游永福親至當地
訪問耆老是否對「芎蕉腳」地名有印象，卻都是
一問三不知，亦即雖然找到與古地名相符的現今
地區，但卻不明古地名為何消失？游永福笑笑的
說，文史探索工作就是這樣，解開一道題又碰到
更多疑惑，一環扣一環要不停的爬梳探究，反正
甲仙文史過往面紗還沒完全揭開就是了！

　　湯姆生一行的路線是從左鎮東行，經過月世界
進入內門木柵，再途經杉林到達甲仙，之後抵達
荖濃、六龜，最後經杉林的枋寮返回木柵。以攝
影為專業的湯姆生當然一路拍攝許多珍貴的山川
人物及生活影像，那時沒有輕便的膠捲底片，用
的木箱攝影機也十分笨重，還得攜帶玻璃板及沖
洗用具，所以要雇好幾個苦力搬運。游永福看到
湯姆生留下的著作後，為了查證實際的路線及經
過的聚落與山川樣貌，按圖索驥自費請人隨行，
一次又一次拍照比對。

跟隨老照片踏查足跡

　　游永福說，為了一張泛黃、黑白的老照片，欲
印證現今的位址，須走七、八趟一路比對山谷溪

流才能確認。尤其後來在旗美社大開課後，為了言之有物，許多課程內容都是要實地踏勘，用今昔的影像及文字紀錄對照出確定結果才敢教學，游永福說甚至連湯姆生書中記載他當時在哪個山坡跌倒，他都要親自走到跌倒之地依樣畫葫蘆的跌一下，看看前輩在跌倒後的視野，體會實際的景況。

由於投入的文史工作，是耗時費力卻沒收入的個人興趣，光靠書店微薄的營業額，遠遠無法支應田野調查所需的人力物力開銷，在有限的積蓄花費殆盡後，只好暫時擱置田野查勘計畫，待在書店內處理文史書面資料，《甲仙文史記事》一書也是在這個背景下完成出版的。

堅定信念 《尋找湯姆生》如願出版

游永福很高興自己在投身這個領域後，遇到不少志同道合的專家學者，如作家劉克襄、成大王雅倫教授、中研院王世慶教授、美國里德學院費德廉教授……等許多知名專業人士，在接觸過程中，他們都不吝指導他這個半路出家的人，熱心引介絲毫不求回報，也因此更讓他堅定信念，繼

續鑽研探究相關先民文史資料，歷時 18 年，《尋找湯姆生：1871 臺灣文化遺產大發現》大作終於在 2020 年出版，由此展開游永福與同好一段新探險旅程。

《尋找湯姆生：1871 臺灣文化遺產大發現》一書問世後，許多人慕名前來甲仙探訪游永福，也持續榮獲各種獎項肯定，他也應邀四處演講分享，那天我重返書店，還巧遇特地帶著兒孫輩到書店「看名人」的一家人，因為這本書，甲仙變得熱絡起來，人與人之間也多了個話題。

我問游永福「現在的生活和過去有何不同？」他還是一如往常先請我坐下來，然後娓娓道來，強調「花若盛開，蝴蝶自來」，當因緣俱足，包括濕版印刷技術等專家與資源都主動靠攏，分享相關研究發現，十分珍貴，讓他深感滿足幸福，更期待有生之年能邀集更多人重返湯姆生之路，建構出屬於台灣的「西班牙朝聖之路」。

註解：上述文稿內容除根據訪談游永福先生紀實外，亦參考游永福先生著作《甲仙文史記事》、《花邊剪刀》詩文集，以及劉克襄先生著作《福爾摩沙大旅行》等書籍部分內容。

既然嫁來台灣　就會根留台灣
南洋媳婦沈文香在異鄉活出自己

第一站 ✕ 甲仙 03

「臺灣的自由自在、安全舒適，是最珍貴的體驗，臺灣人包容力很強、人情味很濃，當然，新住民本身的積極融入學習適應的心態也很重要」，遠從柬埔寨嫁來甲仙已 21 年的沈文香表示，她一直秉持著開放心胸，邊學邊做、學會了「還要做得更好」的原則過日子，尤其在她一直喜歡的廚藝料理上，下了很多心力去學，舉凡婚前就很熟練的南洋料理及新學的台式餐點都很上手，在甲仙她可是已闖出了一片天呢！

老家在柬埔寨首都金邊，父母都是華人後裔，在民國 87 年就嫁來甲仙，沈文香回憶那時只見過前來相親的老公一面，就在父母之命的安排下

成婚，其實她出身華人家庭，觀念較傳統保守，家裡做生意生活還過得去，她當時也不明白為何父母願讓她遠嫁異國；是否跟殘暴的赤色高棉政權有關呢？沈文香似乎不太想碰觸這個話題，只說那時那個政權已近尾聲（編按：赤色高棉政權1975～1979年期間，以階級清洗為名，大肆屠殺國內的知識分子與異議分子，為被國際法庭認定的種族滅絕殘暴政權），而她家為了避難還曾逃至越南，直到赤柬政權結束才回金邊。

不會說華語 初嫁來臺全靠比手畫腳

當年她對臺灣的印象很模糊，只聽說是一個很漂亮的島嶼，沈文香說父母雖然都是華人，但都不會說華語，所以她24歲嫁來甲仙時，跟老公及他的親友互動都是嗯嗯啊啊比手畫腳的；由於婚前只見過老公一面，初次印象實在很不清楚，只記得大她13歲，而且比柬埔寨的男人還黑，但是柬埔寨算起來緯度比台灣低、更接近赤道，天氣很熱、日照更強，夏天動輒超過攝氏40度，當下她只疑惑「臺灣是不是更熱更曬？」

剛到甲仙夫家，覺得公婆及老公手足、妯娌都很親切，只可惜語言不通，那時她就暗自下定決心，要儘快把國台語學好；雖說老公是做土木包工、開怪手的，有點大男人、脾氣不太好，但她跟老公從沒吵過架，最多不言語冷戰，過幾天就沒事了，有時沈文香會覺得「是不是上輩子燒了好香積了德」，這輩子她的婚姻生活才那麼平順幸福。

巧逢兩次大災難 更積極自我充實

夫家本身是務農的，當老公外出工作時，她就要跟著親人下田學習農作，還好文香一直很積極用心去學，也算幫得上忙了；來甲仙的第二年，就碰到台灣百年大災難「九二一大地震」，甲仙雖沒被波及成災，但一向依賴觀光旅遊的甲仙在接下來的幾年內遊客銳減，甲仙店家門可羅雀一起苦撐；那時的文香在幹什麼呢？她正在用功學習語文、下田熟悉農務，並三不五時的做些柬埔寨料理讓同是嫁到甲仙的一些外配姐妹品嘗，她的兩個孩子（一男一女）也在這時出生，沈文香反倒覺得那段日子過得很充實、很有收穫，對她日後參與甲仙社區公眾事務也很有幫助。

　　來台 21 年，可說是兩個大天災都遇到了，民國98 年的 88 風災，對甲仙而言就是 88 年 921 大地震震災重建路上的大堆落石，原本歷經將近十年的打拚，甲仙商圈已逐漸恢復生機，遊客也多了，沈文香那時除了在餐廳幫忙外，還曾在甲仙國小外邊擺攤賣農產，日子都過得不差，誰知一場風災將甲仙人十年的努力摧殘殆盡，又得從頭做起。

　　災後甲仙的工作機會趨近於零，而之前已陸續通過中文檢定、考取駕照、餐飲證照的沈文香真的是學以致用，積極主動的參與社區重建工作、推廣在地農特產，她還身體力行在自家農地栽種芭樂，由於特別勤快，她種的芭樂品質奇佳，很快地就成了甲仙知名作物；曾擔任產銷班班長的沈文香說，災後大家都很重視家園重建，也會嘗試各種作物，發現芭樂一年四季都可收成，所以越來越多農友栽種，也算是透過農業再生來撫慰災後惶惑的人心吧！

幫「拔一條河」籌辦外燴 大獲好評

　　後來楊力州導演來甲仙拍攝「拔一條河」紀錄片那段時間，因工作人員不少，大伙每天都要解

決吃飯問題，楊導希望能安排大家一起用餐，在地朋友就推薦沈文香去負責，也就是那段外燴大眾餐的實務經驗，讓甲仙人見識到了沈文香不只是在餐廳廚房有一手，經辦大眾外燴也有一套，不但每天菜色多變化，甚至還附上幾盤南洋餐點，讓紀錄片工作團隊讚不絕口。

後來只要甲仙或附近社區如日光小林、五里埔等地有活動需要外燴師時，沈文香都會帶著她的幾位好姐妹幫手前往，她笑笑說，其實是半賣半送的，她根本沒想靠外燴獲利，她真正的夢想是開一間她喜歡的餐廳，以前孩子還小時，老公不太喜歡她外務太多，而今孩子都大了，老公也就睜一眼閉一眼地讓她自主參與；說著說著她眨一下眼睛說，其實她已經頂下了一間小店面，經營一些小吃，當然只是起步而已，並以柬埔寨語「好漾」取名，就是「好吃」的意思。

柬埔寨料理跟其他南洋料理有何差別

沈文香聽到這個問題就眼睛一亮，似乎問到了她的拿手領域，她說柬埔寨料理是以就地取材為

主，儘量結合在地、當令食材，如炒香茅雞、打拋豬肉飯、檸檬酸魚湯等等，柬式餐點口味較重，香料比較複雜，但因甲仙在地沒有那麼多種香料，所以她也會因地制宜調整口味及配料，更開始在自家周邊種植香料，解決缺乏食材的問題；與其他南洋異國料理相比，柬埔寨餐點的香氣層次更多樣，配料更多元，沈文香促狹的說其實這個問題問她並不合適，難免有賣瓜說瓜甜之嫌，應該問非南洋國度的用餐者才能聽到較公允的評價。

在甲仙新住民人數是與年俱增的，來自東南亞各國的外配也很多，這些遠渡重洋來到甲仙的媳婦難免因文化隔閡、言語不通、無法閱讀寫字等問題，而顯得畏懼與人互動溝通，沈文香接觸過一些新嫁來的姐妹，她們認為對外溝通靠老公就好，她們只需要照顧好家裡，沈文香對這種想法十分不以為然；看到那些姐妹就算是去上語言課也心不在焉，她就會奉勸她們，說聽讀寫是溝通重要工具，也是生活中不可缺少的互動橋樑，當自己小孩入學後，也要學會和孩子交流，要會看學校聯絡簿，才知道孩子在學校的實況，慢慢地在文香苦口婆心而且身體力行的引導下，姐妹們才放下心障用心學習。

推崇臺灣社會的自由、平等

除了語言文字外，其他生活面向倒是與柬埔寨差異不大，如民俗拜拜、春節、清明掃墓祭祖、端午、中秋節慶活動都如出一轍，是否會每逢佳節倍思親呢？沈文香說，現在通訊那麼方便，要聲音有聲音、要影像有影像，保持聯絡就好，只要家鄉親友生活安定，就沒什麼好牽掛的，何況柬埔寨現在正積極發展工商經濟，已經比之前的赤色高棉還繁華，聽家人說金邊現在感覺雖然繁華多了，但違法事件也很多，而且柬國的貧富差距大，階級觀念重；對她而言，在台灣生活的廿多年，已經是讓她覺得最安定滿足的人生，尤其臺灣的醫療水平健保制度，柬國恐怕永遠比不上，甚至還有柬國富豪來臺就醫。

「臺灣社會很值得推崇的一個特點就是自由、平等」，絕大多數人食衣住行都差不多，行動、言語的自由度很大，沈文香如此說道，她尤其感念甲仙的人情味，社區住民互相照應，對她們這些外人也很樂意接納；姐妹們也都很樂意以社區參與、農耕分工、店家勞務、料理分享等面向做回饋，大家就像家人一樣自在。

未來更想投入老人服務

　　生性就喜歡自由自在安定舒適，沈文香認為她嫁了一個好老公，老公也給了她一個好家庭，讓她生活很自主自信，甲仙已是她心目中離不開的歸宿，在這裡她覺得真正的活出了自己；等兒女都就業成家後，她希望在 60 歲時能不用再為生活收入而工作，只要體力允許，她願意為社區老人服務，做吃的陪說話，謝謝他們一路上的接納照顧。

　　沈文香說到此，臉上一副憧憬未來的神情，但隱含其中的惜福、知足、向上、感恩種種思緒實不難捕捉，相信在「異國媽媽」帶來的文化交流下，甲仙將呈現更多元的文化風貌，讓這個紫色山城增添更多樣的異國色彩。

堅持為甲仙芋頭傳宗接代
滿肚子芋頭經　童英祥樂在其中

第一站 ✕ 甲仙 04

　　以鬆、粉、Q 口感聞名的甲仙芋頭，其實現在幾乎已沒人在種，目前在甲仙市區看到的芋頭大多是來自屏東高樹、台中大甲，世居甲仙世代務農的童英祥（芋頭伯）感慨的說；一個號稱芋頭之鄉的甲仙，竟然看不到在地土生土長的芋頭，那真是很諷刺也很痛心的事，芋頭伯突然大聲的說「甲仙不能沒有自己的芋頭」，這也是他在 88 風災後開始耕種甲仙山芋的原動力。

　　甲仙大田社區，隔著紫色甲仙大橋與甲仙市區遙遙相望，世居大田的芋頭伯指著大橋右邊、楠仔（梓）仙溪畔的一片河階平台，那就是他種甲仙山芋的田，面積不大，差不多是三分地，採用

旱田耕作，全部都靠夫妻二人照顧，所以只能照顧這麼多；因為芋頭是一年一收，成長期約8個月，農田管理、等待時間滿長的，而自家收成的量不算大，但是品質好口感棒，單價比外地芋頭貴一點。

儘管如此，每年的芋頭還是供不應求，芋頭伯笑笑的說，已經是快領老人津貼的人了，別想擴大耕種增加收成的事，不要為了賺更多而累死老倆口，也不希望孩子接手這個苦活，但願未來有別人繼續種甲仙芋頭就值了。

風災刺激轉型 土質變了剛剛好

退伍後曾在台中工作好多年，後來才因父輩凋零返回甲仙接手農務，一開始只是種些蔬菜，一家人日子也過得恬然怡然，直到民國98年的莫拉克風災，整個甲仙周邊的河川都堆滿了山上沖刷下來的土石跟樹幹樹枝，芋頭伯家的農地就在楠仔（梓）仙溪畔，當然也遭殃。

還記得災害後沒幾天站在農田邊，芋頭伯苦嘆不知要整地清場多久才能復舊，整整幾個月都花

在清理農田上，嚴重的是，原本田裡是黏土，災後卻成了砂土，根本沒法繼續種菜……；幸好皇天不負苦心人，剛好災後農業單位推廣種植改良過的甲仙山芋，不必一定要像以前須種在山坡林間地，在平地一般農田只要土質適合、管理得當即可耕種，芋頭伯就開始灌澆有機肥滋養田地，讓草增生肥沃土壤，而災後的砂土田正好符合甲仙芋頭生長的要件，一場天災讓芋頭伯農耕之路改弦更張，從此開始跟甲仙芋頭結了不解緣。

堅持自然農法 心胸更要豁達

芋頭伯說，甲仙芋頭雖然用的是改良種，具抗病性，但絕不能用慣行（噴藥、化肥）農法揠苗助長，而且芋頭田土質一定要天然鬆軟，也不能被化學藥劑污染酸化變硬，十年下來，他一直堅持這個做法，雖然一年只能一收，但看到自家田裡的芋頭個個飽滿扎實，就覺得值得了；從災後本來有廿多個農友響應種植甲仙芋頭，種種主客觀因素影響下，至今只剩芋頭伯還在種，看來種道地的甲仙芋頭除了堅持外還要有豁達的心胸、不為勢劫不為利誘。

走訪各地芋田 對自家出品更有信心

　　為了更認識芋頭，芋頭伯還走訪過苗栗公館、台中大甲、屏東高樹、來義、台東蘭嶼幾個知名的芋頭產地，結果發現有的纖維粗、有的煮不爛炸不酥，有的顆粒小、有的澱粉質少、香氣不足，反倒是甲仙芋頭兼容並蓄，別家的缺點都沒有，自家的優點別家也不全，就很放心的踏上芋頭農業這條路。

　　芋頭的種植不是播種而是插枝，最好是選擇冬末春初時插入田裡，而插的枝上要有小芋種才能再生，芋頭田的管理要十分細心跟耐心，因為芋頭是往上長的作物，不像地瓜根莖都向地裡竄生，芋頭株長至五～六個月時最需當心，如果那個階段沒得病（芋頭常見病害為軟腐病），就比較會長出健康的果實，如果芋頭在不滿八個月成熟期就採摘，會發現澱粉質不足，口感較脆等缺點。

　　運氣好的話，過了五、六月梅雨季（旱田芋頭怕水多），七、八月颱風季都平安的話，到十月就可收成，芋頭伯說其實這些都是大自然對農作物的考驗，沒雨水作物長不好，水太多作物會腐

爛，沒颱風果實蠅會猖獗、作物全被叮咬變樣，就算有颱風只要作物挺住，那就會有好果子吃了。

{ Tips }

甲仙芋頭有什麼特性？

跟別的地方的芋頭差異在哪？芋頭伯拿起一顆剖開的甲仙芋頭，指著切面上一條條像蚯蚓般的紫紅筋絲說，這就是「檳榔心芋種」特有的紋理，富含澱粉質，香氣足口感鬆軟綿密，甲仙芋頭就是這個品種，但因甲仙的土質特性，種出的芋頭是像紡錘、頭鈍圓蒂部呈柱圓狀，不像別地方的檳榔心芋，有點兩頭尖尖呈橄欖球狀。

採收仰賴人工 年收近五千顆

到了 10 月就是採收季，芋頭只能用人工種植照顧採收，沒法用農業機具，芋頭伯都是帶著太太親力親為，三分地來算，若無災病正常的話可採收四、五千顆，芋株的根莖梗都能入菜，只有葉子較少人食用，所以芋頭的經濟價值並不低；但由於量少質佳，所以單價較一般芋頭來得高一些，甲仙芋冰城需要量大、單價便宜的來做加工，芋頭伯的芋頭並不合適，因此全靠自產自銷，長期與台南市農會合作，在台南林森路大東夜市（監理站附近）擺攤賣芋頭跟一些加工食品，生意穩定口碑不錯，芋頭伯說「這樣子就很滿足了！」

有農友看到芋頭伯攤子生意好，想禿子跟著月亮走沾點光，不過芋頭伯說他從未同意過擺放、代售不是自己耕種的農產，他堅持「這些吃的東西品質管理一定要親眼親

身」，別人說的不敢輕信、怕消費者吃出問題，更怕因小失大砸了自己得來不易的口碑；只要吃過、識貨的客人願意持續光顧，芋頭伯都是心存感恩的。

結合小學戶外教學 埋下種籽

為了讓甲仙芋頭的傳承更廣泛，芋頭伯還跟在地中小學合作，讓學生們組隊來田裡參觀，芋頭伯都盡心解說介紹，希望把甲仙芋頭的種籽深植在孩子心裡，到了收成期，他也會開放幾條田埂給遊客體驗，認識道地的甲仙芋頭。

芋頭伯認為，芋頭實在是個寶，包括果實、莖、梗都可入菜；芋頭可做甜點，融入日本料理煮味噌湯、炸物，其餘的芋頭加工食品更是種類繁多，在台灣從小到老沒吃過芋頭或是芋頭加工食品的人還真罕見，芋頭的包容性及普及性可見一斑，與番薯（地瓜）比毫不遜色。

雖然目前只剩芋頭伯還在堅持種甲仙芋頭，他還是語重心長的期待，自己終有一天耕作不動

了，希望其他農友在轉種其他經濟作物如芭樂、芒果之餘，回頭看看在甲仙已有兩百多年歷史的農產，隨著時代演進，芋頭對人體健康的好處也更廣為人知，其實不用擔心芋頭經濟價值會輸給其他作物，尤其是芋頭可衍生的食品五花八門，期待更多人投入；芋頭伯相信，只要甲仙持續生產甲仙芋頭，這個紫色山城、芋頭之鄉的美名就會永遠飄香。

結合愛鄉協會 好好繼續打拚
擴大產業參與 曾家菁看好「農力」

第一站 ✕ 甲仙 05

　　走進荖濃溪畔，甲仙大橋邊的甲仙好好空間，熟悉的擺設與動線依然，熱情的招呼如昔，不同的是駐店負責人換了新的身影，交換名片後，曾家菁映入眼中，聊了之後才知道，「甲仙好好」如今已進入第二個經營階段，結合甲仙愛鄉協會攜手打拚。

　　家菁很老實的說，自己在結婚生子前一直都在外地求學生活、對甲仙並沒有濃烈的土生土長鄉土情，儘管幾次重大風災、地震，也都只是關心自己親人狀況，加上學的是機械工程，較偏向理工領域，對鄉土文史等面向接觸不多，嚴格說來倒是對環境工程、農業機械等範疇關心的還多一

些；民國 96 年孩子出生後，她想讓孩子有個自然生長的童年，就搬回甲仙定居，隨著孩子漸長，認識了一些其他家長，也加入甲仙愛鄉協會，才逐漸將關愛孩子的心與甲仙環境發展連結。

在地、空間、共享、共好

「甲仙好好」在 2013 年進駐開店，薰衣草集團原本的經營定位十分明確，就是在地、空間、共享、共好，幾年下來的確為莫拉克風災後的甲仙帶來一股清新，也吸引了不少好奇者或有共鳴的旅人造訪，但大多數登門者都是蜻蜓點水、走馬看花式的到此打卡一遊，重點還是去吃甲仙芋頭冰，而且除了假日外，來甲仙的遊客很有限，經營壓力可想而知，集團在充分了解狀況後，決定結合甲仙愛鄉協會一起打拚甲仙好好這個品牌，希望透過在地鄉土團體更廣更深的發展理念，讓「甲仙好好」這個友善空間發揮更大的作用。

接手駐店管理後，家菁深知「甲仙好好」必須化靜態為動態，化被動為主動，於是規畫空間定位要廣泛結合森林、農業、餐飲等領域，展現複

合式多元氛圍，積極招攬旅外青年返鄉一起打拚，規劃一些店外活動，讓「甲仙好好」的品牌影響力從室內走向戶外；例如設計甲仙在地的小旅行、輕旅遊，結合甲仙旅遊、文史、鄉土達人，帶著遊客走街串巷逛點，看看甲仙從清朝到日治、近代現代的發展。

家菁認為，「甲仙好好」可以扮演一個功能健全的旅遊資訊平台，提供優質的旅遊服務，目前已經是進行式了。

邀請農事行家加入小旅行

光是帶遊客走看還是有點浮面，家菁知道甲仙本質上還是以農為本的區域，整個地區就是以「甲仙大道」為主軸，像肋骨般左右伸展，商業區很有限，大多數住民都從事與農相關的產業，當看到參與小旅行的遊客對在地農產興味十足，家菁認為可以為農民產銷增加新的消費族群，於是再找一些農事行家加入小旅行導覽，介紹農產沿革、農業發展、農家故事等，遊客聽過後更樂意購買農產品，農民收入增加當然開心，也樂得參加小旅行規劃行程。

　　不過，家菁也知道打著「甲仙好好」品牌的小旅行，所接觸的農民、農產也應該有品德、品質的門檻，所以她要求農產種植條件，必須是自然、無毒，能做到有機更好，農民也知道城市來的遊客特別重視食安，於是甲仙很多農民都開始以無毒自然農法耕作，家菁說這是她所樂見的正向循環。

食農教育扎根 率先種出「呷秞米」

　　農業既然是甲仙的重中之重，而農產最重要的對象就是人，人接觸農產的目的大多是吃進肚子，看到這個連結，家菁覺得可在甲仙推廣「食農教育」，透過小旅行遊客的期待、農民觀念的改變，再將此風潮推廣至中小學向下扎根，為了起步好上手、容易看到成果，家菁特別建議從偏遠小學做起，因為學生人數少、好溝通，易深化灌輸觀念，目前甲仙中小學都已在課程中排入一些農產、農業相關教學，希望食農教育在孩子成長期就建立健康的觀念。

　　除了在教室中學習外，還會帶孩子實地到田中播種、插秧、收割，透過邀請的老農、老阿嬤的介紹解說，讓孩子學到了課本上沒有的實務，而愛鄉協會也身體力行為表率，率先在甲仙種出了無毒的「呷和米」；因為在 88 風災後，許多農田、水路都遭破壞無法灌溉耕種，在地老農認為種稻是讓土地再生的最快最有效的方法，於是愛鄉協會就認養一塊「公田」，以無毒農法進行稻米種植，到了收成時真的種出了無毒米，還拿到學校與孩子分享，讓大家知道，不用「慣行噴藥」也能種出稻米。

　　甲仙芋頭在台灣可是一塊金字招牌，早期的甲仙芋頭是種在林班地，因為伐木後遺留灑落的粉屑滋養了林間土地，變得十分肥沃，就有人試著種芋頭，結果品質奇佳，造就了甲仙芋頭的美名，但因林班地屬林務局管理，外人不能公地私用圖利，加上林班地多在山坡上，交通不便運輸困難，甲仙農民只好在平地種，不過甲仙耕地不夠方正，種植面積不大，所以芋頭產量有限，甚至有農民為了催產量而大量噴藥，更是引鴆止渴造成食安問題，也有人以無毒農法種植，但個頭小賣相差，很難銷出去。

　　總而言之，目前甲仙的芋頭大多來自附近產地，好在甲仙的芋頭加工產業很發達，所以甲仙芋頭的口碑能維持不墜。

甲仙的寶就在地裡

　　甲仙除了芋頭外，梅子、筍子也是很有名的特產，包括那瑪夏、桃源等地的梅子，都算是甲仙農會的轄區產物，甲仙農會的年度梅子產量冠全台，也發展了許多梅子加工產業，不過農會為了扶植那瑪夏、桃源在地梅子產業，多鼓勵就地加工就地銷，甲仙市區只看到幾家零星的在賣梅加工品。

　　而筍子也是甲仙極富盛名的農產，甲仙對外號稱「芋筍之鄉」，可見筍子的品質定是優質的，以前日本還專程進口甲仙筍乾，後來因大陸筍乾低價傾銷搶市，甲仙筍乾才漸漸沒落，如今甲仙筍子、筍乾農產已不復當年。

　　但是家菁覺得甲仙還是有占地面積可觀的竹林，而且甲仙以前是平埔族重要的聚居地，竹編

工藝可說是平埔族生活用具主要的技能，不過流傳至今已很少人會這一傳統民俗技藝了，目前正積極嘗試透過耆老尋找老師傅，看看能否找回甲仙竹子工藝的光輝。

「甲仙好好」在新的階段發展重心已很明顯看出會著眼「農力」，家菁以為，事情要做出成果，前提是要眾志成城，就好像 88 風災後，甲仙一片蕭條之際，一部「拔一條河」的紀錄片瞬間吸引了全台目光，而且也迅速凝聚了甲仙人的重建再生之心，這種人心的激勵就是催化劑。

如今「甲仙好好」希望透過結合愛鄉協會，全心規劃發展旅遊、觀光農業、食農教育等面向期盼充分結合在地相關領域專家達人，做出一份好成績，讓甲仙老老少少都知道，甲仙的寶就在地裡，甲仙的未來也在地裡，只要大家努力的讓地裡的寶長高長大，甲仙就能走出不一樣的路。

串聯新南橫三星　重建從心出發
凝聚甲仙人情感拼圖　陳敬忠做到了

第一站 ✕ 甲仙 06

　　甲仙，一個面積大人口少的鄉下地方；一個談不上有好山好水的偏遠山鄉；一個常年遇到地震颱風成災的苦難地區，甲仙先民移入墾荒的打拚精神，經過無數次天災地變的磨難，仍然一代傳一代的奮鬥不懈，直到民國 98 年的莫拉克風災，一向以農產及觀光旅遊為重心的甲仙，瞬間被無情地重擊摧殘，農地田園被土石殘枝淹沒，鎮區滿目瘡痍。

　　災後的甲仙，除了外流工作的親友及各種救難、工程人員外，根本沒有外地遊客敢來，在地的農友、店家也都露出災後創傷的茫然，有人醉生夢死、有人遊魂晃蕩，有人閉門不出、有人沉

浸神卜，那時的甲仙一直被陰鬱的低壓壟罩，但
是一位芋冰城的第二代—陳敬忠（外號「阿忠」）
看到了問題的癥結，他決定對症下藥，想方設法
喚醒甲仙人傳承自先民的奮鬥精神；災後十年的
今天，阿忠謙虛地認為，甲仙人重建的目標不是
要超越過去榮景，也不是要恢復往日榮光，而是
讓平常、平穩的生活再現，只要放下惶惑的心、
舉起打拚的手，就能尋回往日營生的樣貌，就能
找到滿足。

投入救難協會 九二一震災搶救留下創傷

民國 86 年，時年 30 歲的阿忠回到甲仙，早在
退伍後就離鄉闖蕩，雖曾風光過，但終究還是因
投資失利而背了不少銀行債務回鄉，窩在家中經
營的統帥芋冰城幫忙；沒多久，就碰到了台灣的
百年大震—民國 88 年九二一大地震，因為是救
難協會成員，還曾前進南投中寮災區救災，阿忠
記得當時他們是第一批到達災後中寮的人員，沒
有先進的探測儀器也沒有重機械隨行，全憑身體、
五官、手腳去感應是否在傾頹的鋼筋水泥建物下
還有生命待救，連續幾天都是在瓦礫中爬進爬出，

還不時碰到餘震搖晃擠壓石塊鋼架，那種晃蕩跟尖銳的摩擦聲讓阿忠在救災後產生了創傷症候，睡覺時只要有一點點動靜就會驚醒，甚至很多年都不敢夫妻同床，因為枕邊人一翻動就會驚到。

嚴重的是，還會排斥心理治療及專業人士的安撫，後來在法鼓山一位師姐安排下，終於同意去接觸專業療程，但到了時間還是因別的事干擾而未去，奇怪的是，自從那一天失約後，驚恐症反而不藥而癒，師姐認為可能是阿忠同意去接受療程的當下，心裡已經將創傷陰影放下、抹去了，至於有沒有真的見到醫生反倒不是重點。

回鄉平靜生活 認識家鄉新一代

在民國 98 年 88 風災前，阿忠在甲仙也著實過一陣子平靜生活，幫店裡研發新口味商品、新包裝及尋找新客源，也認識了許多仍留在家鄉的年輕一代，那時真是沒想到，那些曾被社區親友詬病嫌惡的迌迌囝仔，在 88 災後竟成了社區重建工程中很重要的一股力量。

風災過後頭一、兩年，在甲仙街區上看到的外人除了救災人員就是建橋修路的工程隊，或是不能不在現場的媒體人員，接著還有各種宗教團體的法事、頌經、祝禱等人員，根本沒有遊客敢來，以致在甲仙大道周邊的店家只能坐吃山空猛啃老本，更有甚者，另種慈善團體紛至沓來的發放善款，讓很多災民養成不勞而獲的期待與依賴，也有人乾脆辭掉工作守株待兔，每天就等領錢。阿忠雖目睹種種怪象，但也無奈無力，只能感慨人心人性的不堪一面。

重建體悟許多 意外串起「拔一條河」

真正的重建，包括硬體（建物、橋梁、道路……）軟體（人心、輔導……）大概是受災一段時間後才陸續開展，阿忠那時真的有待不下去之感，但因已接手經營芋冰城，加上個人負債尚未還完，只好硬著頭皮待著，記得那時甚至跟銀行反映，大概會有兩三年沒能力還債，結果銀行同意三年內不催討，也因此才放下心找一些志同道合的伙伴一起進行甲仙重建工作；如愛鄉協會、商圈發展協會等等都有朋友願意參與，剛好之後

就與紀錄片導演楊力州接觸，進而拍攝甲仙國小拔河隊的紀錄片「拔一條河」，拍攝作業順利殺青，在民國102年上映後獲得國人廣大迴響，也因這部片子，讓阿忠他們看到甲仙在地有很多事情需要去做，如新住民、隔代教養、農民生活、商圈經營等。

就新移民問題，阿忠發現很多外配剛嫁到甲仙，都有或多或少的心理調適需求，他就安排愛鄉協會女性工作人員主動接觸傾聽了解，加上國台語的學習課程，讓外配們儘快融入社區鄉里人際關係，因為許多外配家庭是跟農業有關，家中上一代務農人力老化，而老公未接手或接手農務忙不過來的案例頗多，愛鄉協會就鼓勵外配們練習農務幫忙下田，久而久之讓外配們變成甲仙農務的生力軍，讓甲仙農業沒有斷層問題，既有事做又有農產收入，一次化解了外配調適與農務人力需求及外配家庭經濟等難題。

也有不少外配願意到店家幫工，因為都是在地鄉親合作過程很順利，加上外配大多能吃苦耐勞，也協助業者解決了部分商圈店家聘僱勞力的需求，目前相關事務都還在順利進行中，阿忠認為外配的助力不只是勞務的面向而已，還適切的撫慰了許多鄉親心靈的空虛與無力。

在商圈發展問題上，當「拔一條河」影片獲得國人廣大迴響後，阿忠看到只要商品有甲仙地名都賣的不錯，但業者也應推陳出新研發新產品，才會讓消費族群一直有新鮮感，在各店家用心研發下，的確有許多新產品上市，阿忠還帶著業者主動出擊去外地參加商品展，更廣泛的讓國人看到甲仙店家的再生重建精神。

救災本質在自救 站起來後還能助人

「救災本質在自救，自助人助，自己必須先站起來才會獲得更多人的援手，而且受災人站起來後再去助人的精神力量更弘大，精神激勵效應更強」，阿忠有感而發的說，甲仙人不能一直陷溺於創傷情緒中，那樣只會不斷擴散渲染周邊鄉親，

形成惡性循環；在重建過程中，災民應珍惜國人的善心，不要覺得理所當然，應藉著外力的奧援盡快再出發，只要能恢復正常生活就應滿足，不應肖想一步到位的重返昔日榮景，畢竟，大自然是讓人學習如何面臨挫折傷痛、讓人學習如何克服困難的過程，而不是把受災當成累積惰性、消磨志氣的理由藉口。

觀光旅遊，一直是甲仙很重要的環節，阿忠認為，觀光是一個結合人文、物產、商業、景觀等面向的多元平台，災後薰衣草集團在甲仙創設「甲仙好好」共享空間，在洪震宇老師帶領下，讓在地人學到了田野調查、小旅行、輕慢食旅等可行性，也讓大家看到甲仙在觀光旅遊這一塊的確還有許許多多的可能領域有待開發拓展；「甲仙好好」的作為也讓鄉親認識到，任何有價值、有意義的專案活動，都要有在地人參與執行，才能真正的激勵人性安撫人心，外人的善心助力只能扮演引導學習的角色。

連結「新南橫三星」引進音樂和運動

　　在獲得實際參與的經驗後，阿忠目前著手規劃「新南橫三星」，結合大內山地區的甲仙、寶來、那瑪夏做帶狀發展旅遊行程，讓「吃吃、走走、停停」的島內旅遊特性，在「新南橫三星」企劃案上點點開花；此外，他參考了許多國內外災後重建經驗，阿忠看到「運動、音樂、色彩」是最能激勵人心的三個要素，他結合其他協會在許多社區進行彩繪工作，如頂崁 Q 版神明彩繪村、貓巷彩繪、和安社區彩繪巷等等，都獲得鄉親及遊客的讚賞，他也辦了音樂會，邀請音樂團體到甲仙演奏，當他看到鄉親攜老扶幼的安靜聆聽一首首悠揚樂曲時，那種安詳的面龐、溫柔的眼神讓阿忠覺得是最大的收穫。

　　阿忠也召集了甲仙年輕人組成慢速壘球隊、棒球隊，雖然這些成員大多被鄉親視為「好動份子」、「不良青年」，但在運動場上，這些人卻表現出團結一心為甲仙爭光的鬥志，而且這些人在重建過程中奉獻的心力是有目共睹的，六年前成立的球隊，只因在甲仙及周邊地區都沒有球場供練習，無奈在兩年前解散，雖然成軍四年內拿

過兩項比賽冠軍，但無用武之地可供發揮也沒轍。解散至今原有的球員各自回歸本位，在經過棒壘球這段以團隊榮譽、以甲仙榮耀為重的日子，阿忠發現這些年輕人心性也成熟許多，行為舉止也不像以前粗魯不文，鄉親也會回報客氣與微笑，這種潛移默化的結果不就是透過運動改善風氣激勵人心的最佳例證。

災後十年 邁入另一階段開步往外走

災後十年以來，阿忠參與了很多在地事務，也看到很多令人費解的人性，他覺得自己已年過半百，接下來應該把生活重心放在家族產業上，看看除了在甲仙、島內建立品牌外，能否往國外拓展市場，目前希望打入的區域是東南亞市場，透過如食安認證、伊斯蘭食品認證等標誌爭取當地族群認同，至於大陸市場，阿忠以為那裡雖然大又便利、不愁沒生意，但兩岸對資金進出的管制太多，對商業活動而言不是很方便，所以暫時不列入考慮。

就地理位置而言，甲仙可說是大內山地區的交通樞紐，清朝、日治以來，甲仙一直是當地的政

治經濟活動重心，尤其在南橫（台20線）開通後，更可將東西岸物流人流充分流通，儘管88風災後南橫已斷了十年，阿忠希望甲仙人不要將所有希望寄託在南橫再度貫通之上，應該團結共創屬於甲仙特有的品牌與口碑，路通了固然好，但路未通也能憑著優質產品的口碑吸引消費族群到此一遊、品嘗美食、泡湯，重新打響「高雄後花園」的美名。

Part 2

建山

哈囉！山上的朋友：台20號南橫公路之旅

01 布農傳神雕塑。02 建山國小鼓樂器。03 Q 版山豬。04 熱愛編織的阿 Pi。05 繽紛編織小物。06 民宿老闆娘。07 建山幽遠景緻。

莎妃・巴樂樂霏帶路認識部落
體會分享的布農精神

第二站 ╳ 建山 01

在高雄甲仙與寶來的漢人聚落中間，忽然出現一個以布農族人為主體的建山部落，地理位置雖處於高雄六龜區，但行政管轄卻與其他原住民部落同隸屬於高雄的桃源原住民族自治區，所以建山部落又被暱稱為「飛地」，取名自「天外飛來一地」的涵意，從地圖上也的確彷彿空降而來的一個聚落，相當有意思。

建山部落的布農族人，來自於幾個不同的山頭，或者說是家族，多數遷移自勤和的玉穗一帶和寶山部落周邊，據說在日據時期，因遇瘟疫而被迫離開原居地，但有些家族並非馬上遷入現在的建山部落，例如以種梅為主業的高基福

Takiludun 家族，則是輾轉先移居建山的後山再遷入；如今，只要詢問是居住在哪一鄰的住戶，大概就能推敲移居到此的時間點，越早遷入的就住在比較靠近上方建山教會的區塊，越晚搬來的則越靠近山坡下或馬路邊。

不過，現在的建山部落居民背景多元，例如這次的帶路人莎妮·巴樂樂霏，目前在建山國小服務，10多年前從鄰近的高中部落嫁過來，而建山教會的全約翰牧師則來自南投地利部落，高淑梅牧師娘家則在台東，另外還有漢人嫁入的亞力民宿老闆娘等，他們如今都是建山部落重要的成員，無論在信仰或對部落的向心力都不輸其他人。

愛餐樂分享 教友相扶持

建山部落布農人信仰主要為基督教，主要隸屬於長老教會或安息日教會，少數為真耶穌教會，所以教會生活深植部落人心，加上

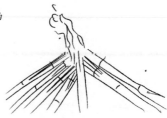

傳統上布農人本就強調分享的精神，如今在建山依然處處體現，例如教會中的愛餐、打獵收穫分食，或者日常用品等捐助，讓這同樣無法抵擋老人化的部落顯得處處有溫情，教會弟兄姊妹的關愛祈福，成為許多留鄉人背後重要的支撐力量。

莎妃・巴樂樂霏作為部落的一份子，如同許多人奉獻時間在教會服事，而這些事工中又涵蓋關懷老人家、陪伴青少年與幼幼班主日學等課程帶領，平日各忙各的工作，到了周末就積極投入教會活動，例如周日擔任禮拜執事、球賽聯誼交流，以及探訪安慰受傷或生病的弟兄姊妹們等，多重角色不輸城市中的社福團體和社區發展協會；如今，建山長老教會還將海外服務視為未來重點事工，把部落人的分享精神傳遞出去，無論是木工、水電修復或者僅僅是陪伴，即使物質上不是非常豐富，但大家都不吝於付出所能奉獻的。

{ Tips }

　布農族人稱建山為「飛地」，意為「往外飛
出去的一塊地」。

穿梭部落的活動菜市場
子承父業兩代奔波　高大任樂在其中

第二站 ✕ 建山 02

「年輕的心，為將來的日子寫下一句對白，
年輕的你，為無盡的生命嘆一聲喝采，
將年輕奔馳大地，讓山野放出光芒，
年輕的心，為美好的歲月譜出一曲樂章
⋯⋯⋯⋯⋯⋯⋯⋯⋯⋯⋯⋯⋯⋯⋯⋯⋯⋯⋯⋯⋯⋯⋯」

　　歌手高明駿這一首「年輕的喝采」高亢又豪邁的曲調，每個星期二至星期六，隨著一輛賣菜貨車的到來，響徹台 20 線（南橫公路），從建山到梅山蜿蜒曲折的 30 公里山路及八個布農部落，這個形同活動菜市場的菜車，為山區部落帶來的不只是貨源的補充，更為族人送上貼心又周到的

招呼與服務，難怪只要車一進部落，就有老老少少的族人湧上，跟「趕集」一樣熱鬧

原本在城市工作的高大任，四年前因景氣關係，無奈之餘就返回建山部落，一直在部落間經營菜車生意的父親，因常年勞累而病倒，甚至一病不起；高大任與老婆商量後決定接手菜車工作，將父親的志業傳承下去。

半夜出門 前兩年完全不敢休假

從小就看著父母半夜就出門補貨，等忙完賣菜生意，回到家都快吃晚飯了，高大任知道這個工作是非常辛苦的，身體健康也很容易折損，但年輕就是本錢，年輕就要拚搏，他跟老婆一樣得在半夜二、三點起床備車，天不亮就要趕到屏東果菜批發市場採買補貨，然後載了一車菜趕回建山部落家中，將蔬果魚蝦肉類分門別類擺上車。

每天大概從九點開始賣，到建山、寶來（原住民較少）、高中、桃源、勤和、復興、拉芙蘭、梅山這八個布農部落依序報到。剛接手的前兩年

不敢休假，天天都賣，後來哥哥也加入，另外開一台車賣菜，才開始配合大市場作息改為每周日、一休假。

高大任強調，山區開菜車的目前共有四組，他跟哥哥都是賣散客、家庭主婦、部落老人等，另外兩台車有專賣學校、公家單位的，也有專門供應餐廳或針對大型寺廟、溫泉旅社等需求，反正四組菜車各有門路，井水不犯河水有錢大家分頭賺，而且每台車進不同部落的時間都很有默契的錯開，從未發生一窩蜂「強碰」的糗事。

各做各的生意 客戶群自然區隔

時間是怎麼安排的？高大任笑著說，其實供應對象不同，到貨時間自然就不一樣，而且進部落後的行進路線也不一，大家都分得很清楚，絕沒有同行相忌、踩線、挖牆角的爭議。但供應散客的生意不是較不穩定？而專賣固定客戶的菜車就不用擔心生意起伏？高大任點點頭，然後搖一搖那一雙肥厚的手掌說，各有各的好處的啦，固定客戶的營業額穩定是優點，但每天就被限定接觸

對象，還要根據客戶需求趕時間送到貨，其實也是有很大壓力，而他們兄弟做散客雖然生意較零散，較不穩定，但每天只要照時間進入部落，就會有不同的族人循著「年輕的喝采」的旋律圍繞菜車買菜，他也會在做生意過程中跟大家閒聊，拉拉關係套套交情，久而久之都跟親人朋友一樣，感覺滿踏實的。

靠誠信不怕賴帳 到府服務老人家

部落裡有不少獨居老人或無業家庭，他們都要等每個月的津貼，補助入帳領到錢後，才來還之前賒欠的菜錢，高大任指著一本筆記本，「這就是我跟那些族人的誠信紀錄」，從來沒有賴帳的，只要年金領到了，一定會來清帳。有些獨居老人因工傷或勞傷而行動不便，他或太太還會到府服務，訪視時順便問一下買菜需求用筆記下，等下次來時就送到家。

有時開著菜車在部落幾條大路穿梭時，常會看到老人家坐在家門口招手，這時就一定要停下來詢問要買什麼，「年輕人為長輩服務是應該的」，

高大任覺得他的菜車生意雖然是以小額交易為主，但經常與部落族人互動接觸，讓他感到很溫暖，也覺得是一種責任，畢竟每天跑的八個部落就是有那麼多人在等他的菜車採購，而他們買多買少就可看出是要自己吃還是弄給家人吃，這種「成就餐桌幸福」的過程真的很窩心。

菜車也接受個別要求採購特殊食材，但只要是當令的，不跳出季節產物的，高大任都盡量滿足族人。在山區開著車賣菜會不會賣得比平地貴一點？「不但不會貴，還比都市賣的便宜」，高大任一臉嚴肅的說，部落裡生活條件都不太好，族人收入不多，如果賣貴了，他們生活更有壓力，日子更難過了，他不可能為了想賺多點而眼睜睜看著族人難過。

颱風前搶補貨 兩種物品難運送

逢年過節或是部落儀典時對食物的需求量一定會大增，但一部菜車能載的量就那麼多，高大任抬頭看著外面的路說，這種山路彎彎曲曲，誰敢超載啊，太危險了，總不能用命去拚貪心吧！但是如果碰到颱風警報，就一定要在颱風來之前讓

族人盡量多買一點存放，最好整車菜都賣完，以免風災路斷青黃不接，高大任回想曾經有過車子不能開時，族人用走的接駁搬菜，山上物資都依賴外界補給，尤其是日常的民生食物更是必需，這也凸顯了山區菜車存在的必要。

因為菜車走的是山區，所以有兩樣食材能不載就不載：蛋跟板豆腐，如果族人實在有需要，高大任就得設法用容器承裝避免碰撞顛震，縱使如此，還是要限量載運，畢竟這兩種食材太脆弱了。至於其他的食材，則以肉品為主，也許原住民比較重視肉食，所以各種肉類如雞鴨鵝牛豬羊都是每天載重比例最大的物品，還有海鮮類也是大宗，當然蔬菜水果也是必需的，但多以山上沒生產的蔬果為主，反正他們的電話都會留給族人，需要什麼一通電話就搞定。

　　如果當天有菜賣不完怎麼處理？高大任說，會跟幾家餐廳講好收購方式，當然是便宜賣掉，不會浪費的。接手父親菜車至今已逾四年，前兩年全年無休的賣實在太累，身體受不了的話，這條路是走不遠的，後來哥哥加入，才開始周休二日。

休假時做什麼消遣調劑生活？

　　「哈哈！哪有精神體力消遣，休假一定在家補眠補充體力，而且菜車的生財工具就是那台貨車，它也要休息保養，尤其天天跑山區，車子折舊得快，說穿了，就是人車都停擺。」

　　高大任邊看著太太邊笑著說，菜車這一行一個人沒辦法做的，還好太太願意幫忙，但也因此累到兩個人，說句難聽的「我們夫妻兩個人連生病的權利都沒有」，八個部落平均每個部落要待一個小時，一整天下來接觸的人很可觀，也因此看出族人對菜車的需求，高大任拍拍自己胖大的胸脯肚皮，「但願這個身體還能撐個幾年，希望真的能如『年輕的喝采』歌詞所說，趁年輕奔馳大地，讓山野放出光芒……」

用編織記錄布農傳統、 連結現代
阿 Pi 阿嬤與時俱進的執著

第二站 ✕ 建山 03

五月初梅雨季的一個午後，建山部落的天空沉沉的灰暗，在山雨落下前，走進阿 Pi 阿嬤家裡，觸目所及一幅幅掛布簾、一整套沙發套，都是傳統布農族的圖案，阿 Pi 阿嬤笑著說，那些只是一小部分作品，「還有很多，待會拿給你看。」

已近 80 歲的阿 Pi 阿嬤除了頭髮斑白外，身子骨還算硬朗，眼睛也還好，她說從小開始學編織至今將近七十年，目前仍在嘗試做不同的產品，她一一介紹曾製做的衣服、帽子、罩袍、背心、褲飾帶、頭巾、領巾、披肩、髮帶等等，真是琳瑯滿目。

用色亮麗 百步蛇圖騰深具涵意

有些圖案樣式很「布農」，也有些圖案有點現代感，阿 Pi 阿嬤認為編織就是一種技藝，不應侷限創作範圍。接著她又拿出一些作品如背包、手提包、隨身長方包、小錢包、甚至還有鑰匙鍊、手環、項鍊等用珠串技法的成品，樣式滿新穎的，用色配色也很亮麗，圖形較流線現代，充分感到阿 Pi 阿嬤旺盛的創作熱情及動力。

說到布農族傳統編織的特色，就一定會提及百步蛇圖騰與布農族的淵源。

阿 Pi 阿嬤述說的版本與我涉獵過的資料有些相似，就是古早時布農族編織的圖案很少，很單調，有一位婦人為了想幫丈夫編織一件衣服參加慶典，其上綴飾的圖案要出眾又有特色，但怎麼想怎麼畫都做不出滿意的，有一天，婦人從山上採完野菜回家的路上，看見一隻小百步蛇，其背上的菱紋在陽光照射下亮麗奪目色彩斑斕，婦人覺得這就是她夢寐以求的圖案，於是便向蛇媽媽商量，想借小蛇回部落照鱗紋圖案編織，蛇媽媽同意，但只願意借出小蛇一個禮拜。婦人回家後，

就趕緊依樣畫葫蘆幫老公編織，但因為編織出來的圖案太漂亮太罕見，部落其他婦女聞風而來想借小蛇一用。

一個星期過得很快，母蛇一到期就到部落索要小蛇，但婦人託詞說還沒編織完成，希望能寬容展延兩個星期，蛇媽媽勉強答應就離去，誰知道就在這延期過程中，小蛇在眾多婦女手中借來借去不小心給弄死了，借蛇的婦人慌了，不知如何跟蛇媽媽交代，兩個星期時限到了，蛇媽媽依約來部落要帶回小蛇，婦人不敢說真相，只好推說全部落婦人都在學編織新圖案，還要幾天才能歸還，蛇媽媽一肚子不高興，就撂下話說，下次再來時一定要帶小蛇走，婦人唯唯諾諾的應著，想說到時再想理由搪塞吧！

布農語 kaviaz 意味「朋友」

過了幾天，蛇媽媽氣沖沖的來要小蛇，婦人又用了新的藉口推託，蛇媽媽越想越火，而且從出借小蛇至今未曾看到小蛇過，心中已有數，覺得小蛇凶多吉少了，也對人類的狡詐，不誠信十分反感與氣憤。

　　蛇媽媽為了幫小蛇報仇，召集了成群的百步蛇爬進部落，攻擊所有人，除了在外工作者，全部落只有爬上香蕉樹及刺椿樹幹上的人倖存，因為香蕉樹幹平滑，蛇爬不上去，而刺椿樹幹上長滿尖銳刺突，阻擾蛇的爬行。當外出族人回部落時，發現這個慘況，痛定思痛之餘，理解到是族人對不起百步蛇，於是夥同倖存族人一起去找百步蛇賠禮，蛇媽媽看到部落死傷慘重，也就心軟，決定跟布農族人訂定盟約，百步蛇願意提供族人編織圖案，但布農族人從今以後不得傷害百步蛇，並且要禮敬牠，如此才結束這場人蛇爭戰。

　　從此，布農族就稱百步蛇為：kaviaz，意思就是「朋友」，也象徵布農族自此之後發展出善待動物，與動物講誠信的生存之道。

註解：此「百步蛇與布農族的傳說」係參考樹德科技大學應用設計研究所研究生許齡銘及助理教授孫祖玉之「布農族傳統服飾圖案之文化意義研究」論文第121頁。

菱形圖案象徵尊重、誠信

在引用了百步蛇鱗紋的菱形圖案後，布農族人真的遵守盟約，規定族中最隆盛、最尊貴、最盛大的典禮儀式中所穿服飾上都要編織此圖案，一直沿襲至今，甚至現代年輕人連婚禮服飾都要綴飾菱形圖案以示尊重、誠信。

阿 Pi 阿嬤說布農編織品的色調以黑、藍、黃、綠、紅、白、紫等色為主，前提是要有植物的根莖葉果能取得，才能運用自然浸煮方式製造出不同顏色，如黃色原料以薑黃為主，紅色有用石榴，也有些藤能煮出紅色的汁液，至於編織的材料多用苧麻，早期初學時都是用手工編織，因為需要配色，對圖案，所以過程比較耗時，現在都改用織布機，生產效率差很多。

在嫁到南投信義鄉明德部落之後，學會了鉤針、珠串、十字綉、不織布等技法，加上婚前就很熟練的傳統編織工藝，

阿 Pi 阿嬤很自信的說，現在只要是線形的材料到手，她都能編織成物品，而且她進行編織前跟別人最大的不同在於，她不用繪圖紙，不必打底稿，全部樣式圖形都在腦袋中，顏色線材選好就可以開工，這些配色、設計圖樣、形式都是從小就養成的自然美學，長大以後漸漸有接觸外界，也會看一些書參考，對創意部分有不少助力；而建山部落離屏東及南高雄山區的排灣族、魯凱族不遠，也學了一些別族的特色融入布農編織品，至於南投布農部落就比較維持傳統。

織品不分階級 只分男女場合

布農編織品有個特性，就是不分階級，只分男女及場合，阿 Pi 阿媽以為這可能跟布農族是長期居於深山中有關，與山為伍的族人生存之道就是游獵，能獵取大型、兇猛獵物的就是勇士，而勇士的裝飾不是靠編織品，而是用獵物的牙或骨掛飾身上，但勇士不可能一輩子都不被超越取代，所以有「尚武、尊勇」的布農傳統中，階級是沒太大意義的，但性別與儀典的服飾就須講究，通常男性服裝色調較沉穩莊重不花俏，而女性則偏

重色彩亮麗複雜，不同儀典及婚喪喜慶等場合都
有不同服飾的講究。

　　阿 Pi 阿嬤認為，布農人對服裝的重視程度遠不
及對飾品的重視，所以她從南投夫家那學了珠串、
鉤針等技法，回來建山後就做了許多裝飾物品，
如頭巾、髮帶、手環、領巾、項鍊等，部落裡年
輕人都滿喜歡的，以前還會幫部落新娘新郎做整
套新婚禮服，但老公過世之後就不再做喜慶服裝
了，目前就做些自己喜歡又實用的東西，不想給
自己太多壓力。

苦無傳人 改良設計創造吸引力

　　兒孫或部落年輕人沒想學編織嗎？阿 Pi 阿嬤苦
笑著說，時代不同了，以前部落女孩是非學不可，
現在是可以不學，以前學編織只會想幫族人做出
漂亮實用的作品，現在年輕人則計較生產時間及
報酬價值的對比，當然她能體諒年輕人有養家活
口生計壓力，需要穩定的經濟收入，而編織既費
時又收入不穩，難怪越來越沒人學，很多孩子是
有學，但只要自己認為已經學會了，就不繼續也

不製作了，總之，大部分年輕人是無恆心也無定性走這條路的。

　　阿 Pi 阿嬤揉揉眼睛無奈地雙手交疊著，她說不知道還能編織多久，畢竟已經七老八十了，眼力已不如當年，而手腕指力都難免有些使用過度的徵兆，一直都在擔心布農傳統編織後繼無人，所以她現在儘量改設計現代圖形樣式花色，希望透過種種改良與創新能吸引年輕人參與學習，甚至她會在部落裡的教會中教一些同年齡的教友，希望他們把自己的作品帶回家讓兒孫看看，讓下一代知道，部落族人的傳統不是老掉牙的東西，也能跟著時代腳步創新、與時俱進的。

　　說著說著，阿 Pi 阿嬤拿出幾片織著人形的布攤在茶几上，我一看笑說這不是樂高人偶的樣子嗎，阿嬤怎麼把他編織成部落人偶了？阿 Pi 阿嬤說，那有什麼，你看，這些圖像有阿美族的、排灣族的、鄒族的等等，至於編織出的人像有樂高人偶的視覺效果，那也只是一種趣味，希望透過小小的變化能拉攏年輕人願意親近的感覺，只要他們能多看幾眼，就會發現箇中的奧妙及意涵，如此一來於願已足矣！

朴子姑娘的奇異人生
黃靜華用心搭建跨族群的交流道

第二站 ╳ 建山 04

　　在八八風災前開車走南橫（台 20 線）多次，從未留意荖濃與寶來之間有個建山村，反倒是在風災路斷後，南橫東西兩端中斷，才發現這個別有洞天的布農部落，也才知道建山村內有間平地姑娘嫁為布農人妻後開的亞力民宿，深聊過後更認識了她想透過民宿傳達的精神，縱是遇到天災地變也不忘初衷的堅定。

　　生長在嘉義朴子鄉下的黃靜華，高商畢業後就在地區農會工作，因家中務農，從小即接觸農作，也曾半工半讀補貼家用。個子不高但結實爽朗的她，對人生也充滿憧憬，農會上班期間曾接觸不少樸實的青農，但都沒啥感覺，黃靜華知道應該

是自小就信主的緣故，因為她曾許諾未來對象的條件：愛上帝、敬父母，或許因此才蹉跎吧！

木訥老兄邀約 首次踏進建山部落

黃靜華笑著回憶說，那時有個原住民農夫也常往農會辦事，個性靦腆言語木訥，兩人互動多次總是洽公，而且大多是她在說話，對方除了「是」、「好」、「謝謝」、「再見」外，就沒別的了，久而久之雖有印象但卻無來電感，有一次，這位老兄終於開口邀她到他在高雄的家鄉一遊，於是她這輩子第一次來到建山這個布農部落。

黃靜華說30年前的高雄縣當然沒現在的建設，更別提建山只是個偏遠地區的村子，但她看到這個男的家中全是主內弟兄姊妹，居住環境雖然落後窮困，但一家人均能安貧樂道，生活態度很積極，這個印象讓她對這個人有了更進一步的肯定。

教會弟兄合蓋新房 努力融入布農文化

結婚的新房是老公帶著部落中教會弟兄一起蓋的，而且蓋得很扎實，房間很多很像旅館，婚後老公除了繼續農務外，還帶著土水工班在桃源鄉中鄰近部落及村鎮接工，黃靜華說在當地有不少房子是他們蓋的，她也曾跟著跑工地，但不會布農語溝通很不便，雖然勉強用國語交流，但她總是覺得隔了一層。

更不習慣的是部落飲食，他們愛吃野味、內臟，節慶喜宴時殺牲分肉連皮帶骨，她也知道這是布農族的傳統，而且族人很重視分享同樂，她雖有心參與，但無奈口腹就是無法配合，30年後的今天，她還是無法在這方面融入。

樂天性格最好解方 正向心態生活

黃靜華的樂天個性給了她最好的解方，她認為與老公親族相處應該有很多面向，她只是這部分沒能融入而已，於是她決定要「過日子給部落看」，不能示弱、疏離，更不能顯露委屈、孤立，

她以家為中心以信仰為支柱，顧好家人再幫族人，用正向心態過生活，敞開心胸待人，漸漸地，族人都看到她的善意與親和，對她不參與分肉的事也就沒那麼介意了，如此幾來幾往，她與族人相處變得一團和氣，打招呼、串門子更是常事，讓她覺得人生充滿陽光。

黃靜華覺得住在部落裡讓她很有安全感，見到都是熟人親人，一有外地人入村上門，大家都會守望相助，她認為布農人的熱情真誠在生活上很容易看到，而他們對信仰的認真堅定，更從他們一早就走好幾公里來參加聚會的精神充分感受。

神給的房子太大 開民宿接待遠來客

「向神祈願想要一個美滿的家，誰知道主給的家實在太大了」，黃靜華說她生了二女一男，但老公蓋的兩層樓房房間真的很多，嘉義娘家親人

全都來建山探親也住不滿，她就向天主祈禱盼能指引房子的用途，也許是主的安排吧，後來有村幹事跟她建議不妨開民宿，但她想全家都住在這，實在很憂心會變得跟傳統旅館般藏汙納垢或是喧嘩吵鬧而影響居家品質，她為此還去農委會上課學最合法最有規範的民宿經營方式。

民宿開張後，果然通過各種檢驗成為建山第一家合法民宿，黃靜華早在 15 年前就堅持民宿房內不裝電視，那個年代算是創舉，但也曾招來不少罵聲，而今人人有手機，根本沒人看電視，反而有客人誇老闆娘有遠見。

莫拉克風災後南橫路斷，來桃源旅遊的人銳減，亞力民宿也因應狀況只在假日營業，平時正常做農作種薑（竹薑）種梅（煮梅精），老公則開怪手幫人剷地挖坑賺點補貼，所幸小孩都爭氣，大女兒在美國攻讀音樂博士，二女兒在台修碩士，兒子在海軍服役當職業軍人。

黃靜華感慨地說，如果為人父母者都以身作則正直行事和善待人，小孩不會差到哪去的，看到三個子女都積極向上在正路發展會很感動，也很

感恩信仰的力量與支持，她認為一個平地人嫁到部落裡一起生活，就做些能做該做的，把好的生活經驗帶進部落，而且不要沾染不好的生活習性，她對她先生的正直樸實十分肯定與珍惜，也對夫家真誠純樸的人生觀、教養觀很感佩。

回想風災當年 見證部落互助真情

黃靜華回想 10 年前那個風災，建山周邊有滑坡、走山、土石沖毀林田等災情，族人嚇得紛紛躲到社區活動中心避難，而離建山不遠的樣仔腳地勢較低災情較大，族人還用流籠安排受災鄉親來建山避災，災難過後需要展開重建，老公帶著會土水的族人開著各式重機具幫忙開通台 20 線等聯外通道，四、五天後總算推開崩落巨石，才接上外界交通，從這個共患難的過程，黃靜華說她看到了原住民跨族群急難互助的本性，她很慶幸能嫁到這麼一個部落，讓她及娘家親人學到在平地難有機會接觸的原漢通婚體驗。

據報導，南橫可能在今年秋天前西向東通至埡口（事實上已通車至天池），黃靜華高興的說，

堅持民宿營運十年來總算等到這一天，她不會見獵心喜見利忘本，仍然會本著「上門的旅客就是老天給你一輩子只服務一次的機會，身為業者就更須珍惜服務接待的機會，讓客人舒適，有家的感覺」的原則與心態。

黃靜華說老公已在民宿旁打造一間部落雜貨舖，希望能結合部落工藝物產、農產形成物流平台，並且安排部落文史導覽，周邊景點輕旅行等等，希望每個到此一宿的旅客都能帶著豐富的原民部落人文印象及自然景觀而歸。

建山縱使三面環山，黃靜華以身作則透過跨族群的婚姻將崇山峻嶺一一克服，一條貫通台灣東西兩岸的南橫公路，其實更是一條連結族群的康莊大道。

梅農 & 獵人：高基福
穿梭山林重拾祖先智慧

第二站 ✕ 建山 05

很多人好奇住在山上的原住民靠哪些產業維生？許多人會回答：「年輕時候曾出外到城市打工，年紀大了就回來種田」，只是，原住民朋友所謂的「田」，通常都在山坡地上或山林裏，不若平地漢人可種植稻米，而是以栽植果樹、種菜和造林為主，並且多數為初級生產者，也就是負責種植採摘，再大批販售給中大盤商，收購價格通常較為低廉，且受到天氣與市場起伏極大影響。

建山部落的農作產業以梅子、金煌芒果（6、7月採摘）與其他「兼著做」的項目，一整年隨不同季節輪流種植，梅子過去是部落很重要的生財來源，但這幾年受到天候和生態變化衝擊，青

梅數量明顯下滑，有些梅樹甚至只開花不結果（無蜜蜂授粉？），愁煞了布農人，因此有些人開始思考轉型，邊做邊學，轉做梅子初級加工產業，希望能藉此抬高收益，改善家中經濟狀況。

只是，轉型加工首先需要有合適的曬梅子場地，並且需要請一個工人專心「伺候」著，隨時幫梅子翻身、遇雨即刻移至室內等，說起來容易，但在缺乏中壯年人力與資本流通的部落裡，卻是相對困難；幸好八八風災後，外界許多團體紛紛關注部落生存議題，提供各種協助，其中「2021基金會」主動輔導建山與 20 號公路沿線梅農轉型，保證收購初級加工後的梅子外，也慨然借貸支持搭建梅胚屋（日光溫室曬梅場、架高平台遠離塵土），才讓建山部落的高基福三兄弟安心投入梅子產業轉型，以初級加工品取代青梅直接販售，取得更好的利潤。

四季輪種不同品項 最怕野生動物搗亂

但是，一整年若只靠梅子的收入恐怕還是不足夠，所以部落人在梅子之外，也栽植這幾年流行

的金煌芒果，由於地處稍高的地形，這裡芒果採收季節可和平地六龜一帶錯開，市場上有些區隔；然而，芒果是需要極費心照顧的水果，怕雨打，更怕蟲咬，加上這幾年山林動物保育做好了，現在農民還得擔心猴子、山豬等野生動物前來搶食，有時候一夜之間芒果樹可能遭猴子撒野搗亂，咬一口就丟棄在地，全部無法收成，讓辛勤種植的部落人哭笑不得啊。

回部落 10 多年、接手父親產業的高基福笑說，「猴子耍賴搖晃芒果樹，掉下地上的剛好讓山豬分享」，去年一大片芒果園可說是零收穫，但也只能笑笑，實在沒有多餘心思加以防範，損失的就當奉獻，心裡就會好過些；此外，他也嘗試過透過網路直銷給消費者，但在芒果採收季節，每隔兩三天就有幾千顆要盡速出貨，但為避免芒果賣相不好，採收和寄送過程需特別講究，但那段期間部落人力很搶手，一般小

農也無力負擔太高人力成本，通常都是家人自己統包，辛苦熬過一季，不僅人仰馬翻，算一算收入也有限，後來索性就賣給盤商，簡單一些。

針對不同農產品特性，部落人看待角度有所不同，直白點說，就是無法樣樣兼顧，必須有輕重區別，好比高基福兄弟就把梅子視為未來有發展項目，投入較多心思在此，而芒果則作為搭配作物，貼補家用。

身兼多種才藝 上山採集打獵傳承祖先智慧

每一位原住民朋友都兼具多種才能，而小時候曾跟著父執輩打獵的高基福，如今就能在農閒時善用一身功夫，偶爾上山打獵或採集野味，例如靈芝、野生蜂蜜、抓虎頭蜂等物，或者留為家用，抑或分享給部落親友，他們不貪多，只取適量，甚至感慨「現在獵人變少了，年輕一輩的原住民對祖先們賴以維生的山林都變得陌生了。」

穿梭山林、就地而坐、野地生火過夜，這些對高基福這樣的獵人可說是家常便飯，他們不需像

城市人得添購高檔露營設備後才出發，對他來說，山林就是他的家，置身其中一點也不覺得擔憂，只需要背上簡單器具，便可以在山林裡待上一周。

有時候他會以獵人角色，帶城市來的朋友夜訪飛鼠、貓頭鷹，尋訪野溪秘境，嘗試攀岩、溯溪，展現一手絕活，往往都會贏來無限崇拜的眼神，也讓高基福拾回曾經失落的獵人光環，深刻感受身為原住民的獨特之處，更開心能因此吸引更多年輕人願意回到部落，有更多人願意投入、重新學習祖先的智慧。

Part 3

寶來

哈囉！山上的朋友：台20號南橫公路之旅

01

02

03

04

01 健康茂盛咖啡樹。02
傳承兩代志業。03 寶地
充滿故事。04 用心傳承
老味道。05 溫泉水池暖
心。06 顏色鮮豔咖啡豆。
07 溫泉會館清幽。

挖掘隱藏版「寶」物
李婉玲與夥伴們不斷蛻變升級

第三站 ╳ 寶來 01

許多人到寶來，多半因為想泡個熱呼呼的湯，而我多次前往寶來，卻是因為「樣仔腳」，說實話，一開始完全不知道該如何把「芒果樹」的台語發音寫出來，經過幾次往來後，如今很快就能辨識出用字，也對於這一個從無到有的「寶地」，多了幾分敬意。

李婉玲，「樣仔腳」的精神人物，由於認識她，對於寶來，有了更深層的認識，透過他們，積極復興寶來文化的夥伴們，這些年來的蛻變顯而易見。

地方創生初體驗：摸石頭過河

近年來喊得震天價響的「地方創生」四個字，

正是李婉玲與「檨仔腳」夥伴們時時刻刻掛心的使命，不同於很多人先拿到預算才行動，從八八風災前即已長期投入社區營造行列，而眼見一場八八風災，將原本寶來的許多人、事、物一夕間摧毀，小鎮頓時一片死寂，甚至過了許久，遊客仍鮮少到訪，讓她領悟到若想找回寶來榮光，或者說，重建寶來未來，那就必須「自己先動起來」。

於是找了一塊地，一塊塊磚瓦開始建造，一個個鄉親慢慢拉攏過來，「很多事情知道要做，但一開始實在不知如何著手」，所以，她開始四處拜訪請教、有機會就學習，同時在勞動部相關單位協力下，不斷嘗試寫計畫、編預算……，面對來來去去、恨鐵不成鋼的「老師們」教導，她心裡很急，但是卻又無可奈何。

說話嗓門不小的李婉玲，外型如同說話一樣直爽，也因此讓人感覺格外真誠；「有些事，內心知道應該要做，卻不知道怎麼做，加上苦無資源，因此，只能邊做邊學，然後修正，總會摸索出一些道理」，這段話娓娓道出這些年來她的心路歷程，聽來有些哀傷，卻很真實，也讓我想起第一次碰面時，她提起很想幫植物染布、麵包窯寫個介紹文案，但找不到人執行的窘境……，「不是

不做，是不知道該如何做」，所以，她只能不斷的出外繳學費，然後不斷的回來教夥伴，與其問她是如何把「檨仔腳」帶至今天的模樣，還不如先聽她分享已練就了哪些十八般武藝。

啥是發酵？每一個麵包背後都是故事

現在提起「檨仔腳」，很多人都會特別推薦這裡的窯烤麵包，不買不可，每天安排固定師傅烘焙養生麵包，倘若巧遇出爐時間，半露天的空間仍擋不住麵包香氣四溢，所有的一切看似稀鬆平常；不過，李婉玲回憶起，過去對烘焙根本是一知半解，該如何揉麵、發酵、窯烤火候掌控等種種流程，全靠自行摸索，四處請教專家，一遍又一遍，從不斷失敗中找到適合的方法，進而統整出一套適合「檨仔腳」獨特模式，讓夥伴們能夠清楚遵守，團隊的運作才得以更具效能，「為此，我甚至考了丙級烘焙師執照」，她補充道。

最艱難的，還不在四處奔波請益，而是「每當想往前跨一步，就需要先忍受後退幾步」，因為取經自他處的經驗，往往只能參考，卻無法完全

複製，例如麵包發酵會受當地氣候影響，染布時
能選用的在地植栽種類有別，受限於寶來特有種，
加上災後對於生態環保抱持更多堅持，能做的、
不能做的，還可以怎麼做，日日都考驗著大夥，
原來，逐漸打出知名度的特色「寶物」，每一樣
背後都藏有許多不為人知的故事。

一步一腳印 老天爺疼憨人

李婉玲說著說著，不忘阿Q地笑說「自己這些
年考了許多證照」，最近還為了弄懂社會企業管
理的專業，周末時硬挪出時間攻讀碩士；但經過
時間的磨練，她也慢慢摸索出如何將想做的事情，
在有限資源支持下「一魚多吃」，最好的辦法就
是設法取得資源提供者的「信任」，當能滿足各
方需求同時，也就可連帶完成協會「想做的事」。

例如每年出版一本的《老樹說故事》在地生活
系列叢書，就是仰賴不同計畫案的支持才得以完
成，雖然這些書一開始並無人多人聞問，但去年
忽然間獲得林務局支持全台圖書館收錄，一夕間
完售必須再版，內心深處不免湧上「老天爺疼憨

人」的感動，更加確認「只要是值得做得事情，先不求回報去付出，等時間到了自然會開花結果」。

不過，回想這些出版過程，則又是另一段「辛酸史」，回想第一次前進社區進行生活文化田調，大夥根本不懂「田調是甚麼？」加上團隊成員都身兼多職，只能利用空檔一步一腳印、一點一滴拼貼，再經由一次又一次揣摩，以及專家好友協助後製下，才終於磨出一件件成品。

《老樹說故事》、《寶來野花果》、《野趣過生活》三本書，三年內分別從老樹尋根、認識原生花草與傳承老味道等面向切入，透過圖文並茂地呈現出版，重現寶來獨特的人文風情，如果說出書是為了彙整紀錄，那毋寧說是透過出書鼓勵夥伴進行「尋根」之旅，藉此串起已疏離的社區情誼，更讓老人家感受到存在價值，重新發掘社區裡的「寶」。

家鄉古早味端上桌 鄉里愛上表演舞台

很多事情出發的初衷與後來的演變與延伸，往

往令人驚喜。當在地老人家接受訪問時,剛開始都會質疑「我說的有人會聽嗎?」「老東西有價值嗎?」……諸如此類的問號不斷被提出,然而,隨著一年一本書的曝光,以及不斷邀請社區長輩們參與活動,共同籌辦節慶時令美食分享會,同時與年輕朋友分享人生經驗,從生疏到熱絡,慢慢地,發現原本的疑問都不再是問題,長輩們甚至會主動分享家中的珍「寶」,例如把製作紅龜粿的木刻模具轉贈給協會,希望能有更多機會被善用,或者藉由說故事分享,逐漸學會如何表達,以及愛上舞台表演歌謠等等。

這些無形中的轉變,看似無心插柳,不過,卻是推動夥伴們持續前進的最大動力。「很多人在談青年返鄉、根留故鄉,我常想的是如何能夠讓他們願意回來或留下來?」李婉玲說左思右想,不斷尋找方法,直到發現社區小朋友因為吃到阿嬤做的紅龜粿、麻糬而特別有感時,剎那間領悟,「有些東西是小時候深植在內心裡的」,也許只是故鄉曾經的一點點回憶,日後卻成為勾動回鄉尋根的關鍵因子,「我們雖然只是在做認為值得做、應該做的事情,但也默默在成就未來的可能性」,讓年輕孩子透過互動產生對故鄉的更多認識,「根」也就這樣扎下去了。

與其說是服務人 毋寧說付出收穫更多

想做的事很多，共事的人有限，這是多數社區協會工作讓人卻步的原因。「檨仔腳」工作團隊成員卻出乎意外的穩定，而且多數是非「有經驗者」，先別說隔行如隔山，從做麵包、撿樹葉、煮染劑染布、田野調查、捏陶上釉、導覽解說、生火起灶等大小瑣事，各個都得十八般武藝俱全，互相代班輪替，令人難以想像這班姊妹們如何能夠甘之如飴？

有機會聊上幾句，他們不約而同會告訴你「我來這邊學很多」、「和老人家互動過程不僅不無聊，反過來還療癒了我」、「以前我很封閉，感謝有這工作讓我學習與人相處」、「文化就是生活不是嗎？」「我們做的事情就是生活中會做的事情，一點一滴都是日常，也是文化的一環」……，這裡的夥伴們內心充滿感恩，無論是經歷過八八風災，或者人生驟變轉折，「檨仔腳」不僅成為大家的避風港，也是展開新生活的重要平台，更是打造心目中未來寶來的實踐基地。

{ Story }

跟著他們走寶來
帶路人：郭雅倫

「檨仔腳」文化共享空間的中堅分子，認為在社區工作最大收穫是和老人家互動，幫助別人也療癒自己，面對死亡越來越坦然。

古道：浦來溪頭社步道見證古往今來許多事

步道的兩端入口分別為寶來國中、寶來溫泉山莊旁山徑；我們選擇從後者進入，導覽員首先介紹寶來溫泉山莊在八八風災後安置災民的義舉，同時說明早期移民寶來地區的早期移民多數選擇住在山坡上，越晚到的才選擇住在溪流邊，尤其是後來的溫泉業者，因此，在八八風災時，受創較嚴重的多為溪邊的溫泉飯店，山坡上的傳統溫泉會館相對安全。

沿著竹林木階梯上行，可一覽荖濃溪河谷與銜接寶來對外重要交通樞紐的寶來一號橋與二號橋，後者為災後重建，考量土石流堵塞造成的後果，新橋橋墩數減少且更粗壯；此外，遠眺溪床旁景觀，十年過後仍有多數尚未長出植被，令人深刻感受自然浩劫的後遺症。

步道兩旁為翠綠的竹林，透過解說，可辨識出多種不同竹子品項和用途，好比從生到

死都能應用的刺竹、孟宗竹和桂竹筍等，隨著微風搖曳的竹影婆娑煞是好看，雖是上坡，卻一點也不覺辛苦。過程中還可見到寶來新的溫泉頭，這是災後經過市府與民間用心追索後發現挖掘，並重燃寶來人的希望。

「浦來」為寶來舊稱，而浦來溪頭社位於荖濃溪與寶來溪分水嶺，原是鄒族人的據點，站在步道的平台高點，遙想當年日本人進駐寶來時在這裡設置大砲，有效嚇阻周邊原住民抗爭攻擊，也阻斷原住民相互往來機會，過去種種令人不勝唏噓；高台步道兩邊種植六龜地區著名的金煌芒果，可知道芒果花長怎樣？

再往前走可遇到大片梅園，冬季花開時美不勝收，只是隨著氣候變遷、地球暖化，梅花盛開時間變動很大，花期也變短，甚至影響隔年梅子的收成，也無可避免衝擊梅農的生計。

往下走穿越寶來溫泉公園，該處新修一泡腳溫泉池，使用者須酌收 50 元，另一為免費提供泡手的噴泉池，一飽遊客嘗鮮需求。寶來的溫泉還真是名副其實的「溫」泉，泉水溫度大約在 38 度左右，並非印象中的滾燙，但也因此，業者大多會將引進的溫泉水再加熱，以提供遊客更好的體驗享受。

寶來溫泉公園裡有一株大錫蘭橄欖樹，經常能見遊客興奮地撿拾落果，導覽員分享這棵橄欖樹不提供榨油，但可將落果清洗、煮沸後冷卻加以醃製，風味極佳；大樹下適合野餐乘涼，三五好友健走後，不妨小歇一回，體驗郊遊樂趣。

{ Tips }

特色物產

段木香菇：顧名思義將香菇種在野外段木（例如楓香樹）上，可吸收日月精華與木材養分，較之真空包養殖的香菇更有養分與自然香氣，只需簡單烹飪即可品嘗到野味和多層次感。

陶藝餐具：為提升用餐美感，「檨仔腳」選用協會夥伴燒製的陶製餐具作為餐盤，成套器皿色澤豐富，不僅增加用餐食慾，也吸引遊客用完餐後購買帶回；回顧這裡成員學陶的過程，會發現每一個杯子與盤子都得來不易，尤其歷經多年嘗試和創新，才慢慢演化出現在的專業；這一切還得謝謝陶藝家李懷錦老師，幾年來嚴格教學，慢工出細活，帶領學員捏出自信，進而形塑出獨特風格，把「吃飯」這件事的意義變得更豐富，透過飲食方方面面實踐生活文化。

窯烤麵包：「檨仔腳」熱銷產品，每天手工捏塑新鮮麵團，並選用在地紅豆、桂圓、芒果等時令作物作為餡料，幾經發酵、整形後，再將圓滾滾的麵團放入堆砌成大魚造型的烤窯，刻意不選用瓦斯爐，而是透過柴火增添或減量控制火溫，讓每一個成品富涵木材的香氣與手感溫度。

家族深耕 70 年　視寶來如尋夢園
簡銘辰打造異業結合的溫泉旅館園區

第三站 ╳ 寶來 02

「寶來真的是塊寶地，山水相逢溫泉量大質佳，一年四季溫差不大，土地面積廣闊，又無過度開發，只要相關法規適度調整，交通建設順暢，業者就可放開手腳，好好把寶來打造成極具特色的休閒田園」，國蘭花園溫泉會館負責人簡銘辰語重心長的期待，似乎已在心中畫好了來未來的藍圖，只等東風一起就全面啟動。

父親國小遷居來此　種樹薯起家

原本老家在嘉義阿里山邊的瑞里經營木業，後來政府對林木業的管制增加，許多民間業者不堪

束縛而轉業,簡家老輩決定南遷覓地再打拚,於民國 30 年代中後期及 40 年代中期分幾批陸續遷至寶來。

簡銘辰回憶,他父親在國小六年級時來到寶來,那時當地已有部分外來人口遷入墾荒,大家普遍務農,簡家祖輩來之後就闢地種樹薯,因為日本很重視樹薯的利用價值,除了其本身的高澱粉含量可當主食外,還可提煉酒精,簡銘辰聽老人家說二戰末期很多日本戰機用樹薯提煉的酒精當燃料升空作戰,後來日本戰敗撤離,台灣的生活條件並未改善,大家仍普遍種樹薯當糧食。

寶來有三寶 備受日軍保護

寶來在日治時期備受日軍保護,原因有三,簡銘辰說六龜產的野山茶是當時的「貢茶」,要獻給日本天皇喝的,因為這裡的山茶有阿薩姆紅茶及大武夷山茶的風味,十分獨特。其次是東京帝國大學在寶來、藤枝、扇平山區有開闢實驗林區,專門種可提煉奎寧的金雞納樹,還有極具經濟價值的樟樹(可供應樟腦)。

此外，為了供應高雄港及打狗市區的水源，日本人在六龜新發大橋附近汲取荖濃溪水（新發取水口），再建管路輸送至現今六龜大橋邊的中庄發電廠，然後再輸入至美濃的竹仔門發電廠，最後送至高雄港及市區，這是當時極重要的水路，但因屏東之前發生過牡丹社事件，日軍就加強保護寶來、六龜這區域，以免再發生大規模原住民抗爭事件，甚至還在六龜、寶來的高處架大砲威嚇，一直至日軍撤離，此地的治安算是平穩的。

經營產業幾經轉折 老梅樹蒼勁有力

現年 50 歲的簡銘辰說，在他記憶所及，父親在國民政府來台後至少換了六、七種經營項目，當然這跟政府徵收台人在日治時期名下的土地有關，土地瞬間充公，父輩們只好利用有限的土地生產了。曾從嘉義梅山引進梅子種植，因為梅山的梅子酸度適中品質好，加上寶來氣候穩定適合種梅，所以在民國 70 年代前著實靠梅子外銷獲利匪淺，但在中日建交後，日本大量在大陸種梅，台灣梅產業如雪崩式瓦解，簡家也被迫另尋生路，至今在國蘭花園溫泉會館園區中還有幾棵當年的老梅樹，在今年暖冬影響下，大部分梅樹花期都

減縮，而簡家這幾棵老梅樹仍蒼勁有力的在枝頭綻放花顏，也見識到了簡家梅樹展現的生命力。眼見梅子沒指望了，父輩曾短暫養過一陣子鹿群，後來也不了了之，之後就改種蘭花，簡銘辰說長輩們真屬害，做一行像一行，不久他們種的蘭花參加國際比賽獲獎而聲名大噪身價不菲，那個年代台灣甚至還發生擄蘭勒贖的案件，一株名貴蘭花身價百萬、千萬都有可能，父輩們在寶來蓋了第一幢五層樓洋樓，就是怕歹人搶劫綁架。

南橫通車 曾是全台第一家水療SPA

到民國78年南橫（台20線）改柏油路全線通車，長輩看到國人在解嚴後掀起一股觀光旅遊熱潮，於是在寶來闢地整建溫泉旅館，寶來溫泉旅遊也是那時興起的，的確順風順水的度過幾年好光景，在81年，他們還成為全台灣第一家做溫泉水療SPA的業者。好日子真的只會嫌短，到了民國88年就遇到了九二一大地震，雖然寶來沒大災情，但全台灣都愁雲慘霧之際，旅遊業必然走下坡了。

本身學的就是觀光旅遊及水土保持，簡銘辰回台前就在外面從事相關領域行業，89 年被父親叫回寶來經營溫泉旅館，也因為是學用本業，簡銘辰就接手經營，也規劃了一些發展計畫，在 90 年時包括寶來及不老溫泉區 50 多家業者都接到政府通知，中央準備專案輔導寶來不老地區，讓相關農林地、非休憩用地可變更地目供觀光旅遊旅館業開發，對那時在九二一震災後慘澹經營的業者不啻一劑強心針，大夥摩拳擦掌準備大幹一場，誰知這一路到 108 年了，才完成所有的地目變更。

園區精緻化 風災也安然度過

既然無法往外拓展，只好將既有園區整理的更精緻了，亭台樓閣花榭林蔭、湯屋步道木構石牆，凡觸目所及都是這個時期精雕細琢的，簡銘辰希望國蘭花園溫泉會館在寶來能做到「標竿」，不論設備品質服務水平都要出類拔萃。

在 98 年莫拉克風災前，寶來車流人潮都熙來攘往的，就在父親節那個晚上，一陣狂暴風雨肆虐後，南橫路斷了，甲仙小林村沒了，荖濃溪沿

岸受創極重，就連一向少見災情的寶來也因連接桃源的公路橋橋孔被上游沖下來土石樹幹塞住而溢流，甚至一度淹至寶來大道的路面，住家都緊張的往高處避難，國蘭花園溫泉會館那時曾開放讓鄉親入住避險，還好（也不知怎樣才是好）橋被土木石塊沖斷了，洪流才一洩如注奔向下游，寶來平安度過一劫。簡銘辰說，其實那時電視一直報導在荖濃溪河床邊有一間新寶來溫泉山莊被暴洪沖毀傾倒的影像，那個「新寶來」招牌深深印在國人心中，以為寶來也　了，其實整個88風災，寶來只有那間在河床邊蓋的山莊受災，再就是因濁流影響，溫泉品質短暫不佳而已。

人不來了轉向思考 關注農業發展合作

98年南橫路斷迄今已10年，簡銘辰苦笑說遊客大概只剩以前的二三成，號稱「美人湯」的寶來溫泉碳酸氫鈉含量全台最高，又帶少量鹽分十分特殊，這麼棒的溫泉都吸引不了遊客上門；不過，空閒時間多了，反而可以靜下心來思考：錢固然重要，但不能只想著賺錢，還要想想賺錢以外還有什麼事能做該做而未做的。

　　簡銘辰說近十年來，他真的把當年最想做的事—農業與溫泉旅館業拉近了，首先國蘭花園溫泉會館提供了許多在地人及原住民的就業，如此算是跟寶來住民結了善緣，再者，就是與返鄉青農合作，透過產業輔導其耕種生產，堅持無毒自然農作方式，飯店還跟許多小農契作，定期收購農產蔬果，甚至推出住宿旅客依不同產季到農園免費限量採果，如有額外需求，就跟小農採購，這種跨業合作模式已進行多年，一兼二顧的成效不錯，簡銘辰希望未來有更多旅館業及小農加入，甚至可擴展至六龜、甲仙、大旗美等農業園區。

　　由於寶來不像烏來、關子嶺、礁溪等溫泉區地小店多櫛比鱗次，簡銘辰認為寶來應可發展出獨特的溫泉旅遊文化，應鼓勵業者儘量用有機木石建構旅社屋宇，不要用鐵皮、塑料或合成建材建築，讓寶來從硬體開始就給外人「養生環保」的印象，加上餐飲都是由在地青農提供的無毒安全農產，從食住到泡湯都是優質健康的服務，才能吸引國內外旅客的目光。

開闊空間心曠神怡 夏天也適合漂浮

　　因為寶來四季溫差不大，所以夏天來寶來泡溫

泉也大有人在，為了迎接南橫即將全線通車，簡銘辰也規劃了夏季溫泉旅遊，如在寶來溪的親子親水漂浮，建構登山步道，沿途還有導覽介紹周邊眾多的文史遺跡。

此外，還希望能讓溫泉公園成為寶來遊玩指標地點，目前有泡腳池，大眾湯池、餐飲、豪華帳蓬及露營車住宿、自搭露營及城市探索教育園區，希望結合大自然及教育意義讓更多遊客體驗生活享受寶來溫泉，盼能將寶來營造成一個一年四季皆宜、充滿溫泉田園意象的鄉野園區，讓每一個到寶來駐足的中外旅客都能充分享受身心靈的放鬆。

總之，寶來在風災前後因溫泉而興也因溫泉而頹，簡銘辰以為，一個地方只靠一個賣點太脆弱了，就像以前荖濃溪曾經有泛舟旅遊盛極一時，但在幾次天災暴雨後溪水渾濁激湧，就沒人泛舟了，寶來溫泉旅遊不能只靠溫泉，應以溫泉為支柱發展出多元餐飲、文史農林等旅遊分枝，更重要的是執行任何好的發展企劃方案，千萬不能像放煙火般一瞬即逝曇花一現，一定要以短、中、長期為標的規劃不同階段效益，讓寶來溫泉觀光旅遊成為一趟跨領域、跨族群、跨歷史的「豐富之旅」。

果香回甘忘不了　相思咖啡係金欸
深耕 15 年　許先生為南橫添香

第三站 ╳ 寶來 03

40 出頭從高雄岡山搬到六龜寶來與母同住以便照顧，請許先生回顧 15 年來的歷程，他竟然笑笑說，只是混日子而已。

待人客氣有禮，個性爽快大方，看得出許先生為人粗中有細，不揄不揚，聽他講述人生斜槓過程，更認知他不莽撞、不盲從、知而後行、實事求是的作風；許先生認為，南橫仍有許多荒山野嶺閒置，如果此地種出的咖啡豆真能獲得肯定，農林單位應審慎評估是否劃出部分區塊，讓有心務農的人承租耕種咖啡等作物，讓好山好水好農產的南橫西段山區，在被莫拉克風災肆虐十年後，能再現風華。

母親自岡山移居 經歷寶來風華年代

民國 77 年，那時原本是碎石卵石路面的南橫舖上柏油，頓時吸引熙來攘往的汽機車遊客，加上解嚴不久，國人漸掀起新的島內旅遊風潮，許先生母親也在那時由岡山移居寶來做農產行生意，過沒多久到 79 年南橫東西向全線通車，店家更是忙到不行，溫泉旅館業、餐飲業也方興未艾，整個寶來溫泉、蘇羅婆溫泉與不老溫泉區都發展得火火紅紅，9 年的好日子過得好快。

然而，在民國 88 年 9 月 21 日午夜的那一場天搖地動，整個台灣瞬間被災情席捲，寶來雖倖免於難，但災後旅遊人數銳減，風景區榮景不再，母親農產店也門可羅雀，到 92 年許媽媽的身體出狀況後更需人陪伴照顧，許先生就搬來與母同住，邊顧店邊顧母親，但因乏人問津，顧店時幾乎無所事事，整個寶來也死氣沉沉，許先生想這樣下去不是辦法，總要做點什麼讓生活有重心才對。

聽聞日治時期 有間咖啡會社（公司）

有一天跟村中朋友聊天時，聽到一位耆老說在

日治時期，荖濃、寶來地區曾有間咖啡會社（公司），從現在的六龜新威一帶直到桃源，整片山坡都種咖啡，甚至在甲仙往荖濃的路上還有一處名為咖啡村的聚落，當然現在已踪影全無，當年日本人十分喜歡南橫山區產的咖啡，視為向天皇等皇親國戚進獻的貢品，後來日本還將台灣咖啡用來跟其他國家作物資交換的商品，可見此處的咖啡品質的確特殊。

許先生聽進去了，剛好那時台灣在大力推廣古坑、東山等國產咖啡，他想為何不在寶來周邊山區種看看？不過在種之前還是想找到以前日本人規劃的咖啡林，看看是否真如老人家所言有那麼神奇的風味及身價。幾番尋覓後，終於在寶來往藤枝的高山路段旁看到一處荒廢已久的咖啡園，地上還可看到零落的咖啡果，就帶回寶來找人幫忙烘磨處理沖泡試喝，結果感覺喉韻深且久，口腔回甘縈繞，令人難忘。

四處奔波求教 玉穗山上開墾新天地

許先生想這種落果幾經風霜還能有此風味，如

果新種收成的果其風味豈不更特別？於是心動化為行動，就大老遠跑去雲林古坑，除了請教相關的事務外，還買了一些阿拉比卡種的咖啡苗回寶來，在當時南橫勤和村明隧道上方的玉穗山向原住民承租一片相思林台地，大約一甲大，海拔約八百五十公尺。

地有了，但不知如何開始啊！許先生趕緊請教其他咖啡農（雲林古坑、台南東山甚至高雄桃源寶山、屏東三地門德文等地都有），得到一個結論，咖啡樹生命力很強，抗病蟲害能力比其他作物佳，但要長得好、收成好就要做好環境照護，他想自己種咖啡目的為何？不外是想生活有重心，並沒想大量生產，所以採取野放方式，不曾為增加產量而投藥。

深沉喉韻一試難忘 此物最相思

15年前種的樹苗，要先讓他長三年成樹木才會開花結果，到了12年前第一次採收，許先生靠著自己摸索，同時向別

人有樣學樣的買簡單機器，實驗進行烘豆磨豆脫殼去皮等作業，但實在是第一遭的生手，弄不出結果，只好再跑去古坑找熟識的行家代烘代工，終於喝到自己種的咖啡，許先生說那個感覺真的難忘，深沉的喉韻、循環不已的回甘加上陣陣果香，實在很特殊，也在那時決定將所產咖啡取名「相思咖啡」，寓意此豆生南國，風味最相思。

有了收成馬上就面臨新的問題，怎麼賣出去？賣給誰？賣多少？如何包裝？一堆行銷問號堆在眼前，加上寶來村中有人說當年國民政府來台之後看到南橫山區到處都是咖啡樹，但那時候喝咖啡風氣未開，所產的豆子形同廢物丟棄，政府就下令全部砍除，而今又有人在此地種咖啡，難道不怕做白工？許先生聽了也不以為忤，他堅信自己的判斷，看到古坑咖啡已被哄抬炒作的身價倍增，認為南橫產的咖啡品質絕對不輸古坑，一定能闖出名號的。

無懼冷言冷語 巧遇知音跨出第一步

記得那時第一次收成期間，他從玉穗山開車下山，途中遇到一部車上山，會車之後互相聊天，

才知對方想來南橫找賣家買咖啡，許先生知道古坑的帶殼豆行情為一公斤四百五十元，這位先生卻開價一公斤七百五十元買他的豆，許先生喜出望外，真是太棒了，平白比別人多賺。

後來曾問這個客人為何願意花較貴價錢買他的豆子？這位目前已是許先生好友兼長期客戶的人說，因為聽說你是種了三年才第一次收成，由於首收的品質好，土壤養分充足才會高價全買，買回去後剝皮直接曝曬，能充分鎖住果香及高山風味，沖泡後杯底還會有陣陣焦糖味，非常特別。許先生回想那初收成的前兩年，這位老哥每年至少都買五千公斤，對他這個農業新鮮人而言，是一個很好的起步。

到了第三年，就是民國 98 年，碰到了要命的莫拉克風災，咖啡園在山上當然難保全，更扯的是災後連地主也不見了，許先生想租期未到要不要續種呢？最後決定為免日後紛爭，就再找其他人租地來種，後來在寶來竹林農園區承租，雖然海拔低了一百多公尺，但種出來的豆子品質並不差，而在玉穗山上，也和另一原住民談妥租地，已栽植樹苗，預估明年底即有收成。

產量有限口碑相傳 老客戶想買還得等

風災過後至今已十年，相思咖啡的口碑跟名聲未因南橫路斷而折損，反而是許多老客戶口耳相傳，寧可開長途車到寶來邊喝邊聊邊買，許先生知道自己每年產量不多，光滿足老客戶需求就所剩無幾了，為此還曾拒絕過幾位想年度契作全部收購的客戶。

他說，在他的人生觀中，咖啡既是人與人談話聊天的飲品媒介，也是個人靜思沉澱的一味特調，他寧可透過自己種的咖啡豆沖調出濃郁特殊的風味與好友分享，也不想讓自己的收成被別人轉賣給他人而自己卻不識其人，如此豈不錯失一個結識同好的良機，太可惜！

其實在風災發生後的幾年內，許先生的咖啡樹可說顆粒無收，就算清倉賣庫存也供不應求，那時他只好去跟周邊地區未受災的農友借調品質差不多的豆子來應急，甚至如果有人堅持非「相思豆」不買的話，他為了滿足客戶所欲，還曾向其他買相思咖啡的人用高價買回轉賣，常常左支右絀，這種缺豆期長達六、七年，寶來周邊的咖啡產區如藤枝、寶山、霧台、德文等農友都曾被許

先生光顧請求調豆支援，但他絕不混充冒稱是自
己的豆，都實在地告知客戶產地與豆子特性。

合口味再買　免費試喝不混充

他還曾跟客戶說，可以先帶樣品回去試喝幾
次，如果合口味再買，也因這種處事態度，讓客
戶更欣賞、更死忠，直到 102 年才再找到竹林租
地種樹的他，終於在去年起又產出自己種的豆子，
老客戶沒流失不說，還多了許多新客面。

南橫山區溫差大、露水重、一年四季中雨量也
充沛，十分適宜種咖啡，許先生認為全台灣能種
咖啡的區域，日本人大概都調查清楚了，在日治
時期從台中惠蓀林場、南投集集信義、嘉義阿里
山區、雲林華山、古坑、台南東山、高雄六龜寶
來、桃源寶山、屏東霧台、三地門等地都有種植
紀錄，其中為何日本人特別看重南橫咖啡？相信
除了前述幾項外，再加上中高海拔的豆子生長期
慢又長，吸收養分量更多，也因此產量較少顯得
物以稀為貴，一般而言在海拔八百至一千一間的
區域，較能有大量的收成。

陪伴母親為首要 待客人如朋友

許先生說他是有做些研究功課，但知道怎麼回事就好，他不會為了獲利而增種增產，畢竟別忘了當初來寶來的目的就是陪伴母親，還要不時抽空陪著去醫院看病、回診，如果被增產的咖啡綁住分不開身，豈不就是見利忘孝，他是做不來的。

聊著聊著已快傍晚了，一個下午好幾波客人上門買豆買咖啡包，看到許先生都大聲打招呼問候，感覺他們不像主顧更像老朋友，我要告別離開時，正巧看到許媽媽拿著掃帚在打掃周邊馬路邊及人行道，我就上前打招呼，並詢問她為何不想搬到離醫院近一點的地方住？滿臉紅潤神清氣爽，完全看不出有病容的許媽媽笑著回說，這裡空氣好、人情味濃，何必為了看病而犧牲這些錢買不到的東西？

真是有其母必有其子，我覺得喝過相思咖啡的人不只是對咖啡特殊風味的思念，更是對這一對樂天自在的母子一種懷想吧！

只要溫泉梅樹在　就會有生機
壓不扁的玫瑰　吳崇富笑看人生

第三站　╳　寶來 04

　　十年前 8 月 8 日的那一夜，一場毀山滅地的狂風暴雨，將有「寶來屋脊」之稱的美瓏山西坡重創的走了樣，當地著名的梅子專業區－竹林農業區像被重量級拳手痛擊過的臉，完全扭曲變形；十年後的今天，已改名為休閒農業園區的竹林，呈現的是農產多元林相豐富花木扶疏的景象，看不到創傷痕跡、一根根彩繪木樁矗立，成了寶來新興的登山步道休憩景點，這一切成果，要歸功一個永不服輸的寶來人－吳崇富。

　　在寶來出生、現年 55 歲的吳崇富，父祖輩在民國 50 年之前從台南將軍鄉輾轉遷至寶來定居，原本就務農的父親就地取材廣泛種植梅樹苗，那

時因日本特別喜歡台灣梅子風味，在外銷需求量大利潤不錯的誘因下，吳父除自家種的之外還大量收購其他梅農收成，吳崇富說時機好的時候，一年外銷營業額可達一千萬元呢！

南部梅子酸度高 深受日本人喜愛

而吳家在全盛時期，梅林面積也曾上看 30 公頃。那時的外銷工廠多分佈在台南、嘉義，南部梅子受土壤氣候因素影響，果粒雖較小但酸度卻十足，符合日本人味口，一年一收後運給工廠經過半加工簡單鹽漬即可外銷，不像中部梅果粒大酸度較弱，大多用來內銷做蜜餞，員林就是最大的內銷加工廠集中區，所以員林蜜餞在島內相當有名。

中學時對數理化特別有興趣的吳崇富，儘管大學聯考時三科均得高分，但其他學科就二二六六了，所以在老師要求下選填文化大學印刷系，但他覺得無所謂，因為被群山環繞的校區很像寶來的山區，活力充沛的他一頭栽入登山社活動，之後還當了登山社社長，大學期間就帶著同學征服了島內不少崇山峻嶺，至於印刷系老師教了什麼，

他沒放在心上。吳崇富認為他喜歡有難度的登山過程，也很享受克服難度後登頂的暢快，視野遼闊極目四望擁抱天地及大自然真是爽到家了。

從小嚮往做生意 回鄉轉作蜜餞加工

退伍後在台北經營廣告業務，當時正是台灣錢淹腳目的年代，只要肯打拚，錢就賺得多，但也過著紙醉金迷燈紅酒綠的日子，結果經常入不敷出，公司兩年就收攤。之後跑去南投沉澱休養半年，就在那個時期他看到了當地梅子加工廠作業狀況，但也只是看在眼裡而已。

也許是耳濡目染關係吧，吳崇富從小就覺得自己是個做生意的料，在民國81年回寶來養腸胃病前還去了一趟大陸，眼見陸商用心的請教台灣梅農種植技法，目睹大陸一播種就一座山的梅樹，得知加工廠工人工資廉價到不行，那時就知道台灣梅子外銷產業慘了，當時就有陸商想找他合作投資大陸梅產業，但吳崇富覺得他們太「狼性」，心機深算計重手段狠，相對善良心軟的台灣人絕對鬥不過的，所以就婉拒入夥。

回寶來稍微把身體養好之後，就跑去緬甸做冰棒，也許時間不對、機運不佳，兩地工作為期都不長也都沒做出成績，就回寶來投入家族梅子產業，為因應外銷市場已漸被大陸廉價青梅侵佔，就將當年在南投見聞用於現實，專心做內銷蜜餞加工。

南橫山區青梅 占島內七成

荖濃溪流域經過的南橫山區，從那瑪夏（三民）到寶來甲仙一帶，是台灣青梅最大產區，約占島內市場七成以上，吳崇富成立了寶來第一家梅子加工廠「龍山農場」，跟父親做法類似，除自產外還廣為收購附近梅農（很多是當地布農族原住民）的收成，為了跟員林產品區隔，他堅持生產無添加物的蜜餞，如此一來食材原料成本大為增加，況且在那個年代，食安觀念與風氣均未開，養生大然有機等訴求難獲共鳴，商品單價又比行情高，生意不如預期，吳崇富只好再換跑道。

民國 90 年，他跨足在地最夯的溫泉旅館業，在竹林農業園區附近的山坡處整地引管接泉興建醉月齋，與其他旅館不同的是，醉月齋所有湯池

都是半露天的，吳崇富說這麼好的空氣及視野就是大自然的邀請卡，窩在室內泡湯太暴殄天物了。很快地，在這個競爭激烈的領域，他勇於創新的作法，果然在業界掀起了不少話題。

90年代跨足休閒產業 讀碩士廣結善緣

然而，從不安於現狀的吳崇富因為醉月齋的經營經驗，深深感覺休閒管理的門道很深也很多樣，於是k點書考進嘉義大學休閒管理研究所攻讀碩士，順利取得學位後還獲聘去台南麻豆的真理大學當了3年兼任講師。吳崇富說攻碩士跟兼課過程，除了吸收專業知識外，就是跟相關領域的同學、師生結善緣，他甚至在自己的溫泉旅宿中僱用了一些教過的畢業同學，因為是自己教的，在工作過程中很好溝通訓練，形同他個人培育的人力資源庫，這也顯示吳崇富長遠規劃的用心。

民國98年五月，吳崇富精心打造設計的月灣森林Villa開始營

業，位在桃源山區內的森林中，離南橫最高點埡
口只有 60K 之遙，整體訴求走優質精緻品味自然
路線，推出之後甚獲好評，吳崇富也覺得算是達
成了一個里程碑，誰知就在三個月後的那一夜，
儘管月灣建在離地 70 米之高處，還是被附近決
口的堰塞湖沖毀。

八八一場雨　毀掉醉月齋

　　這場天災讓他損失的還不只如此，因為在寶來
前後跨越荖濃溪的公路橋，多因上游沖刷而下的
樹枝土石堵塞流水橋孔，以致溪水大漲溢流至寶
來大道，後來好幾座橋都被沖垮，吳崇富創設的
一間酒莊也隨波打水飄，而吳家在竹林梅子專區
的梅樹林更因山坡土石沖刷而流失十餘公頃，更
奇的是災後連醉月齋溫泉旅館也因被相關單位認
定建在土石流危險地帶，而禁止恢復營業，問他
這樣重大的財產損失難道不心痛？吳崇富竟然回
說：是有衝擊啦，但不覺得傷痛。

　　「風災期間根本無暇顧及那麼多產業安危，只
知盡力協助救災，從聯絡軍警及民間救難隊到安

排空軍直升機、水上機動救生筏運補物資等各種
緊急事務都要馬上處理，也許是長年登山的歷練，
加上因收購梅子加工而跟許多原住民建立良好交
情，在救難過程都派上用場，只要保住性命，其
他的損失都在其次」，而他最關心的就是在月灣
及醉月齋雇用的員工是否安全，幸好有原住民緊
急幫助都能成功避難。

笑說被老天打回原形 災後回到老本行

如何在災後重新出發？吳崇富笑得很可愛，他
說這是老天派一個叫莫拉克的來，把他這個豬八
戒打回原形，他只好再回到梅子加工產業打拚。

話聽起來有點無奈自嘲，但他馬上說明，再做
梅子加工可不是重操舊業，而是用新做法新觀念
再出發。因為寶來這裡的梅子品種為胭脂梅、二
青種梅，顆粒小無賣相，不像南投的大青種梅，
每個都顆粒飽滿在市場很受歡迎，吳崇富就將寶
來的梅子（沒噴藥、無毒）加工製成有濃熟果香
的黃梅，專門賣給蜜餞廠再製，絕對不進入市場
賣。八、九年下來也算將梅子產業另闢蹊徑了，

就連 50 嵐都跟他合作用黃梅做梅飲料。

　　對梅產業有何展望？吳崇富說在這行翻來覆去也算打滾了 20 多年，產業的高峰低谷都經歷過，個人並不看好梅產業的未來性，這幾年的暖冬已導致產量銳減，很多梅農收成差就砍樹改種，如南投地區改種葡萄、蓮霧、梨子，而個人已開始試種百香果，這裡的農友則多改種金煌芒果、子彈蓮霧、鳳梨、木瓜、芭樂，農民想的很簡單也很實在，種什麼都好，只要能賣到錢就夠了，目前在寶來周邊的梅樹，大概只剩八百至一千一海拔的了，四、五百公尺山坡的梅樹大概都砍掉改種別的農作了。

不管南橫通不通車 寶來兩優勢更關鍵

　　在 88 風災屆滿十年，南橫路斷也滿十年的當下，今年將全線貫通的傳言又冒出來，吳崇富說這根本就像狼來了一樣，年年給希望結果一年拖一年，搞得在地人都麻痺了，一般聽到外人興高采烈的說詞時，大多都是笑笑以對。

　　大家都知道，南橫通車對東西兩端的產業經濟當然有加分效應，但寶來人不應把通車當特效藥，因為寶來是靠溫泉跟水質立足的，有溫泉就會有觀光旅遊飯店業，有好的水質就能發展農產、餐飲業，只要這兩個特質優勢繼續存在，寶來就會生機不斷。

　　總之，寶來的發展絕不能只寄希望於南橫通車，一定要發展出就算東西兩端不通車也能吸引觀光客到此一遊的價值。

Part 4

高中

哈囉！山上的朋友：台 20 號南橫公路之旅

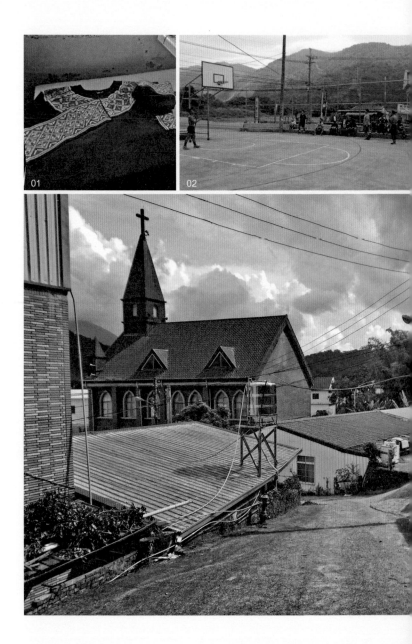

01 布農傳統服飾。02 高中
社區籃球場。03 部落氛圍。
04 信望愛信仰支持。

用愛與行動守護社區
吳麗琴燃燒自己照亮族人

第四站 ╳ 高中

從台 20 線進到高中社區，很容易就看到高中長老教會如地標般矗立，教會前廣場（籃球場）有三五位布農青少年打籃球，吳麗琴（以下簡稱麗琴）住家就在教會旁巷子進去不遠，她很熱情地在門口招呼，從她充滿活力的肢體語言中可以看出麗琴是位親和力強、活動力旺盛的布農媽媽。

介紹我們來訪談的朋友說，麗琴在高中社區可說是位名人，因為她做過許多事、幫過很多人，當我們用這個背景當開場白時，麗琴聽了馬上就是哈哈大笑，她說「哪有做這麼多，其實本來什麼都不會，是一點一滴邊做邊學累積的」，直到今天，自認還是有很多東西要學要去做，沒辦法，

就是這個個性吧！在屏東內埔讀農務家政科系，
高職畢業後到台南工作，麗琴說，在高職跟去台
南工作那幾年，最大的收穫不是學到什麼、賺多
少錢，而是學會了一口道地的閩南語，說真的，
光聽她說幾句，還真聽不到原住民說台語特有的
腔調；麗琴在學閩南語時，根本沒想過日後會派
上什麼用場，只覺得多會一種語言，跟閩南人打
交道、交朋友時比較容易溝通罷了。

回想結婚那天……狂風暴雨

83 年從娘家梅蘭嫁來高中後就一直定居社區
內，說起這個婚姻，麗琴說那全是父親跟對方說
好的，她根本沒聽過也沒見過未來老公，直到結
婚當天才看到老公廬山真面目，她說當下也沒特
別感覺，只覺得老公外觀給她踏實的印象，而無
異議的同意這門親事；麗琴說她看重的是梅蘭高
中兩地距離不遠，可以就近照顧娘家，而且婚前
已在附近小學當代課老師，婚後還能繼續代課。
說著說著麗琴又大笑起來，她說當時參加她婚宴
的親友應該一輩子都不會忘記那一天的，因為婚
宴那天剛好碰到颱風，早上還不嚴重，所以親友

來參加的路上沒啥感覺，但中午婚宴過後，狂風暴雨交加，族人說外面的橋被沖斷路也被土石流淹沒，搞得親友都被困在一起，還好颱風來得急去得快，一兩天後就陸續搶修通車，親友也度過一次難忘的婚宴。

不怕災難 但怕人禍

說到風災，當然避不開 88 災情，麗琴說碰到天災，族人都很認命的面對，吃苦耐勞也要克服，但每次部落受災後，總是會形成另一種人禍，那就是詐騙猖獗，災情越嚴重、詐騙者越多，有裝小孩聲音騙醫藥費的、有訛稱你欠健保費要你轉帳補繳，各種花招琳琅滿目，社區中很多長輩不察而上當，尤其這些歹徒開出的金額都只是一兩萬，還有零頭，老人不疑有他就轉帳匯款。接連幾次受騙後，導致原住民部落對外來者防衛心極重，總覺得又是耍花招來騙錢、騙取個資、強銷商品的，甚至連族人訪視都遭冷對。

麗琴說，自己曾受過原民會正規的訪員訓練，風災後災民訪視是必須做的事，但早期也是吃過

許多閉門羹，後來用耐心跟善意去「磨」，才化解了老人們的心結；現在的訪員制度規範也會考量族人的心態，所以要在區公所、派出所登記領證，證件上都有查詢電話，受訪者可當面查證，如此才好取信進行訪視。

曾任多種角色 更懂老人思維

近年來很多學校或社會慈善團體都會設計一些原民部落研究案，很多學生或社團工作人員一波接著一波來社區中找人訪談，族人耆老們起初都很樂意說一些部落文史民俗掌故，但太多單位在不同時間派不同的人來，受不了的是問的問題大同小異，族人們不堪其擾，最後只好協議統一口徑定出標準答案來因應。另外，來訪單位通常都會要求受訪者拍照留影存檔以供查照，但就是有些人濫用族人的照片影像，侵犯到肖像權，留下很不好的印象。

88 風災對高雄山區的重創大家都知道，路斷橋毀物資進不來，一連好幾天都只吃存糧，之後有直升機空投物資才緩解食物飲水問題，但是醫療問題卻無法解決，因為社區內有許多傷病老人，都要定期回診取藥，如果對外交通封閉時間拖太長，他們就面臨無藥可吃的狀況，直升機會後送的都是緊急傷病者，而這些斷藥族只能等通車後再去取藥，社區內有幾位老人在隔年就過世，族人以為恐怕與這個問題有些關係。

地名源自布農語「白米飯」

高中，這個地名常會引起外界誤會，以為在這個地方有什麼知名的高中，究竟高中地名的來源為何？麗琴說她聽到的說法是，高中在布農語的意思是「白米飯」，也可以說是白米部落，因為當地的地理位置合適，為早年第一個種出稻米的地方，而且高中往上距梅山、往下距六龜的距離相當，剛好在中間，不論你一大早從上或下出發，到了該部落剛好是中午要吃午飯，可以說是一個高山通路上的中繼站，所以取名高中，跟一般認知的高級中學一點關係也沒有。根據高中社

區發展協會的網路資料得知，社區內目前人口數為 720 人左右，以布農族為主（逾八成），其餘的包括鄒族、客家、排灣、閩南、魯凱族、平埔族，可說是道地的原住民部落。

以行動參與在地大小事

嫁到高中至今 25 年，麗琴用行動參與各種她能做的事，社區內傷病老人不少，照護就醫的事每天都有，而年輕人大多外出工作，遇到老人需要醫護手術治療時，麗琴常常義不容辭的陪著去，而到了醫院都要填手術同意書，需要家屬具名，但事態緊急時，麗琴就簽名背書當傷患者的親屬（部落人多數有親戚關係），久而久之周邊醫院醫生都知道，這個麗琴就是高中社區的「親屬代表」，不過也有人提醒她，這些傷病患在治療過程順利平安就沒事，如果有什麼差池，妳簽名背書就會有些是非上身。麗琴笑笑回應，人命關天，只要秉心良善去做，不求名不圖利，純粹是照應幫助，相信族人會理解的；而且她以前不會開車，每次都要從別處叫車外送，醫治時間都在等待中流失，為此，她還專程去學開車，之後就自己開車送醫，幫傷病老人多爭取點救治時間。

說故事太感人 大人小孩哭成一團

　　除了照護長輩，麗琴還在桃源圖書館兼了一份差，當「故事媽媽」講故事給小朋友聽，麗琴說她一肚子聽來的故事，經過她包裝敘述，而且說故事時還自備道具唱作都來，常常吸引小朋友圍坐傾聽，有時說到激動處她自己都會融入情境邊說邊哭，而孩子們也哭得淅瀝嘩啦。而透過故事媽媽這個工作，她也跟部落裡孩子建立良好交情，在他們成長過程中她儼然成了孩子的心靈伙伴無話不談，有時年輕人會問她是否應該出去闖一闖尋找發展機會？還是留在部落裡幫社區做點事？麗琴說她會鼓勵孩子們，若是對社區事務沒興趣、對社區發展沒想法，就應該去外面社會闖一闖看一看，但她也會提醒他們，大多數原住民在社會上可能碰到的一些狀況及待遇，建議他們有了想法再回部落來分享。

鼓勵年輕人 加入發展協會

　　也有一些年輕人學校畢業後想留下來為社區做點事，麗琴也鼓勵他們加入發展協會，看看能否學以致用，因為協會常常會開設一些學習課程，如部落營造、文化特色推廣、生態維護等等，只

要企畫案獲得上級單位核准，就會撥給申請的經費，而參與專案的人則可以分配到一些基本待遇，對年輕人也算是有勞有獲的一個方式。出外工作的年輕人，對留在部落中的同儕們也相當肯定，因為大家都知道，部落事務繁多，需要有年輕人加入傳承，所以很多外出者假日都會回部落，看看有什麼可以幫忙做的，麗琴覺得現在新的一代其實都滿有自己想法的，他們需要的是機會跟平台，畢竟，誰都不想看到自己生長的地方越來越沒落吧！

四處請教行家　不吝於分享

參與發展協會工作，麗琴認為她在過程中學到如何擬企畫案、如何把工作化為文字表述，如何計算需求人力及經費等面向感覺最充實，為了學這些，她會去別的部落找較內行、較有實務經驗的人教她，甚至去區公所現場觀摩公務員的實作狀況，幾年下來邊學邊做就會了，當年輕人加入協會工作時，麗琴就毫不藏私的傾囊相授，她說最好每一個人都會寫企畫案，社區協會內每一份子都應該是熟練作業的，任何人碰到任何問題都能處理應對才重要。

家人會支持你參與那麼多社區事務嗎？

　　麗琴說老公是百分百支持的，說到老公，麗琴精神更好了，她說老公以前做過建築工、也開過砂石車，都是很耗體力的，但有時工作地點很遠，一去又好幾天，她就想幫老公找個離家近的工作，剛好有甲仙工務段招考養護工，覺得老公不妨一試，結果考上了，後來老公的工作地點才算較穩定。她笑說這個老公跟她是婚後才認識的，可說是先婚後友，這個戀愛是在同一個屋簷下談的，老公個性沉穩不太愛說話，而她則是三分鐘不開口就難過的人，這種一動一靜的互補個性，也許是她與老公的一種黏著劑，相處至今一直都很和樂，只是可惜老公最近身體有點狀況在家休養，為了照顧老公，麗琴才「比較少」往外跑，之前因為跟一位部落裡的好友（後來嫁到那瑪夏）學過布農編織、紡品等技藝，就乾脆在家開個工作坊，帶著親戚做一些編織品放到網路上賣，也算是不無小補。

看見年輕人需要　就挺身相助

　　站在她家門口，麗琴指著長老教會前的籃球

場，看著一群部落青少年在比賽，她說那裡原本只是一個廣場，她覺得社區內缺少孩子運動場地，於是就爭取闢建為籃球場，她說那些孩子幾乎都是聽她說故事長大的，都很單純，對社區公共事務也很積極參與，像94年社區配合政府辦理荖濃溪支流塔羅留溪生態保育、護溪護漁計劃，社區內的孩子們就非常響應，而且成果十分優異，也被高雄政府機關評為生態保護示範區。回顧投入社區活動過程，麗琴數著手指頭算一算，從幼稚園、小學代課老師算起，她做過圖書館故事媽媽、部落老人照護、青少年及年輕人輔導、部落訪員、田野調查訪員、社區文化營造、社區長照文健站、發展協會志工、生態保育志工、甚至還曾在原民文物館擔任臨時工一年，如今又在家中開工作坊教做編織，種種經歷都顯示她是一個積極好學且充滿熱情活力的人。

Talimua 人如其名：有力氣、勤奮

麗琴笑著說她爸媽幫她取的布農名字：Talimua，意思就是有力氣、勤奮，好像從小就已經指引她在部落社區工作上的路，雖然身兼多職，內外兼顧，她總覺得事情多得做不完、每天

時間都不夠用，說到這，她很感慨的說一定要謝謝老公一路走來的相挺，她也知道從事部落社區營造非常辛苦，沒體力、沒健康、沒熱情、沒學習能力很難應付，她認為在原鄉服務最重要的就是心態與精神，要積極深入的了解族人的問題與需求，熱情服務態度親切貼心叮嚀，種種互動都是很細膩的感覺，志工不能因為沒有收入就心裡不平衡，不樂意，應堅定自己的理解與包容初衷，以耐心及同理心前進，一個人當三、四個人用是常態，做好時間管理與分配，才不會手忙腳亂耽誤服務品質。

「助人為快樂之本」，在麗琴身上看到最貼切的詮釋，她說這條路會一直走下去，直到走不動為止，到時縱使行動力不如以往，但她會將所知所學傳承給年輕世代，讓族人一棒一棒接下去，不要讓部落社區營造的火把熄滅，希望她守護的高中部落未來能在原鄉發光發亮。

Part 5

復興

哈囉！山上的朋友：台 20 號南橫公路之旅

01

02

03

01 鮮紅辣椒。02 可可果實。03 復興教會舊堂。04 梅花開了。05 歡樂童年。06 在橋一方。07 合力曬製愛玉。

愛玉的故鄉－有個愛玉家族
樂與老天爺合作 小田家不藏私

第五站 ╳ 復興

南橫公路（台 20 線）98K 處，遠遠就看到一座紅色吊橋橫跨荖濃溪，莫拉克風災後三年半才完工通行的「瓦阿係吊橋」是連接對岸很重要的公路吊橋，僅容一台休旅車通過的寬度，卻是將對岸布農族人農產運出的唯一通路，知名的杜媽媽愛玉產地也在對岸，小田家當然也是，令人驚奇的是，這幾個知名愛玉品牌，竟然都是同一家族的親戚，只是各做各的並無特別競合關係。

復興，海拔高 675 公尺，十年前那個晚上，無情的暴洪土石將村子聯外道路橋梁破壞殆盡，村子形同孤島般，荖濃溪岸嚴重崩塌，主河道因土石堆積，在梅蘭、復興、勤和上方形成三個堰塞

湖，洪水不斷注入，湖的邊堤終於被沖垮，大量洪水傾洩而下的可怕聲量及場景，這三個村子的布農族人至今仍有餘悸，道路路基全毀、橋梁瞬間只剩幾個基座；災後好長一段時間，族人進出的路都是要冒險犯難才能通過，雖然村中部落族人安全無虞，但辛勤耕作採收的農產卻無法運出，所以沿線受災村民都殷殷企盼儘速將連接對岸的橋樑及安全的道路修復重建，瓦阿係吊橋就是其中極重要的一座。

風災後 觀光優勢嘎然而止

不只耕地在荖濃溪對岸，連家人親戚都聚居在彼岸的田奶奶說，其實復興愛玉一直都有在賣，在莫拉克風災前，只要經過沿線村子，路邊都會看到賣愛玉涼飲的店家，當然一場天災這些店家大部分都收攤了，復興原本依賴的野溪溫泉、黃金瀑布等景觀，都在風災中毀壞，硬體觀光條件沒了，族人於是將生活重心放在農產耕種；復興本來就是愛玉、金煌芒果、梅子的重要產地，其中尤以愛玉最具代表性，復興愛玉都是野生種，大多附生在破布子樹、芒果樹、梅樹、樟樹上，

也許是高度、土壤、溫濕度各方條件都好，復興產的愛玉品質就是比別處的好吃，產量也大，在風災後，成了復興族人重建的希望之果。

根據《本草綱目》記載，愛玉性平、味甘、固精、清火、無毒，果中之黏性物質為果膠，富含膳食纖維，利於腸胃消化且無熱量，還具利尿功效，堪稱是健康養生的天然果品，陸續有杜媽媽、黃奶奶、花媽媽、復興長老教會等族人先後打出品牌，均極受消費者歡迎，田奶奶環看自己住家後面整片山坡，她說自家愛玉產量也很大，品質極優，以往只採摘極少數果實自己搓揉供家人食用，大部分都落地腐爛成了堆肥，年復一年不知暴殄了多少愛玉，在與家中年輕人商量後，大家願意一起做，希望將小田家 Q 彈愛玉的特殊口感介紹給嗜食大眾。

野生種採摘 慎防蛇蟲鳥襲

愛玉果實很多，每年三～七月都是採收季，因為是野生種，沒用藥也沒套袋，所以很招鳥分食，族人在採收時幾乎就是邊摘邊趕鳥，與鳥賽跑，

平均愛玉果半年就可長成，因多附生大樹上，有些果子長得很高，爬樹過程跌落或遭蛇蜂攻擊時有所聞，田奶奶說家人大概都會架梯綁長鐮刀採割，愛玉果有個「不怕摔落地」的好處，現在比較少聽到採愛玉發生意外的事。

一般而言，愛玉果要先沖水，將表面乳膠（非常黏，像三秒膠）洗淨沖掉，然後將果子的蒂頭砍掉再削皮從中間切開，放到太陽下曝曬至果核軟化，再將乾燥愛玉果由內往外翻出，繼續晒到全體乾燥，接著將愛玉子由果核外層上刮下，泡入冷開水 10 分鐘再手工搓揉 10 分鐘，之後靜置 15 分鐘即可。

辨識真假有撇步 公母外型有差異

田奶奶指著住家旁一株樟樹上攀生的愛玉蔓藤，她說這株愛玉是公的，結的果是空包彈，而在家後山坡上大多是母的愛玉，會結實纍纍，在六月左右開花，經由雌小蜂授粉發育結果，約在 10 月中旬果子就會成熟裂開，而沒有成功授粉的果子會慢慢乾縮不能食用。

　　最後，田奶奶還教了一招如何辨識真假愛玉：真的天然愛玉凍上面會有細細微微的渣渣（愛玉子），放在容器中會出現明顯的出水現象，假的合成愛玉感覺很 Q 彈，但不會出水；另外，真愛玉放在杯中，加水就會浮起來，也可以加熱，遇熱會出水，但假愛玉則會融化。

　　野生愛玉蔓藤成長的環境不能太乾旱，雖然不怕雨水多，但也需要足夠日照及通風，愛玉才會長得飽滿，授粉季節怕下大雨，愛玉小蜂會被雨水打落，授粉率降低結果率就少了，一般而言，公株結的果內無籽，如果剖開新生愛玉果看籽實長得像芭樂籽，就是公果不能吃的，籽實細長小顆粒密布就是母果，只有母果才能搓揉出果膠結成食用愛玉，裝在密封容器放入冰箱冷藏，最好三天左右吃完，若愛玉出水就會變硬影響口感。

此物僅在台灣有 任何佐料都能相容

　　田奶奶笑著端給我們說，愛玉一般都是夏天涼飲，可添加的佐料很多，如檸檬、百香果、紅茶、蜂蜜、梅汁、蜜餞、仙草、紅豆綠豆薏仁芋頭太

多種了，可見愛玉的包容性很強，以前原住民在山中還會採愛玉吃裡面的籽實充飢，據說全世界只有台灣產愛玉，可說是老天爺特別眷顧台灣的一種農林作物吧！

說著說著天已近黃昏，夕陽金暉灑在瓦阿係吊橋上，將艷紅的橋樑照的金亮，小田家、杜媽媽、黃奶奶等等知名的愛玉都仰賴這座連接到南橫公路的吊橋運送出去，橋下溪水在沒雨的季節顯得十分溫順清緩，彷彿在告訴這些愛玉家族的族人，趕快採收趕快做，做好就趕快往外送，趁現在沒雨能做就做，等颱風季時山雨洪暴土石流都會很大，到時想外送都難了。

山區裡的原住民部落就是這樣，與大自然競爭、與老天爺搶時間，一年到頭辛苦耕種就盼收成賣個好價錢，每年最重要的功課不是別的事，就是避開天災風雨，一個看似單純卻又最誠摯的盼望。

註解：相關訊息可追蹤 Fb：小田家農園。

Part 6

桃源

哈囉！山上的朋友：台 20 號南橫公路之旅

01 部落日常。02 雪花般梅
園。03 布農圖騰吊橋。04
文化傳唱。05 到部落共餐。
06 幽香一剪梅。

桃源國小校長帶路
細品布農人深耕的這片土地

第六站 ✕ 桃源 01

高雄市桃源國小歷史

桃源國小校長來自建山部落，曾國義校長深耕原住民部落教育多年，從過去每天往返那瑪夏區民權國小服務，至今服務於離家較近的桃源國小，長年投入原民基礎教育，基督教信仰堅定，以身作則，成為部落典範，也可說是桃源地區國民教育的活字典，由他帶路認識這些風土民情，更具意義。

一開始，曾國義先介紹自己布農母語姓名，他說「Biung 是我的名字，Madiklaan 則是我們家族的姓」，布農族人取名時，家族的姓會跟著每一個人，生長男、長女取名時會根據爸爸的父母

名稱來取名，接著的弟弟、妹妹名字則會根據爺爺的兄弟姊妹來命名，如此一來，當聽到名字時就能夠很快判斷他（她）是哪一家族的！

緊接著，他介紹桃源國小，指出民國前 3 年（1908 年）就成立設校的桃源國小，從甲午戰後清廷割讓台灣給日本不過 13 年，日本就在當年極為偏遠的原住民聚居山區設立小學。現任桃源國小校長曾國義認為，除了顯示日本為了平番理番治番政策，希望透過教育讓尊日心態從小建構外，也看出當時桃源地區相當繁榮，原住民人口已不算少，所以才會設校施教。時至今日，高雄桃源國小一至六年級學生仍有 75 人，幼兒園 44 人，總人數在桃源區小學中仍數一數二。桃源區地大人稀，為全台灣人口密度最低的行政區，區內共有八個里，分別為建山、寶山、高中、桃源、勤和、復興、拉芙蘭、梅山八個里，除了高中與桃源有部分拉阿魯哇族人外，其餘大多是布農族。

日治末期才遷移過來 建山又稱「飛地」

曾校長表示，根據部落耆老回憶，布農族人是在日治末期二戰日本戰敗後才翻山越嶺來到桃

源，當時先落腳勤和平台，後因有瘟疫入侵，台地不宜人居才往外遷徙，現在的南橫只通至梅山口，在梅山之前的每個里都有布農人分布，直至建山為止。從桃源區的地圖上看到，建山根本沒連接桃源區，可說是懸在六龜區中，所以布農族稱建山為「飛地」，意為「往外飛出去的一塊地」，在全部八個里中建山面積最小，而建山也是布農族人最後遷入的區域。

梅山馬舒霍爾吊橋 寓意深遠

在進梅山部落前，有一條梅蘭林道，前行約50公尺即可看到一座鋼纜吊橋，名為「馬舒霍爾吊橋」，馬舒霍爾 Masuhuaz 為布農語，意思是「黃藤樹叢生」，黃藤可當藤條教具，藤皮可編藤蓆、藤毯，藤包，還能用藤莖做藤椅、藤箱，黃藤心則用來煮排骨湯、雞湯，據稱具清血、解熱與降血壓的功效。

「馬舒霍爾吊橋」橫跨在部落外環的一條唯金溪上，過吊橋即可抵達梅山部落。在吊橋前有塊說明匾，上書布農族古歌謠：

要善行、要分享
要勤勞、要節儉
要像小米一樣的照顧
要像黃藤一樣的堅韌
要像赤楊一樣的繁衍

由歌謠可見，黃藤在布農族心目中的意涵及價值。

「明霸克努橋」幾經爭取 得來不易

在開車走台20線還未到復興里前，有一座新修建的公路橋，以布農語命名為「明霸克努橋Minbahlu」，意思是「變成新的橋」。

因為在莫拉克風災後，這一段南橫公路被崩落山石壓毀，為了保持南橫行車，被迫在荖濃溪河床上搭建臨時便道，路面幾乎就與河床等高，因此遇雨溪水漲起即不能通行，而同時在地方要求下，在離舊路一段距離外之處（避開山石崩落區）再規劃建一新的高架公路橋，或是路線規劃一再修正、或是新橋土地取得問題延宕，新公路橋一直蓋到前年選前才通車，雖然慢了些時日，但布農人依然心懷感恩，所以用布農語命名新橋以示紀念。

想學布農打獵　就要走進山林
開辦獵人學校　海舒勒一肚子「獵經」

第六站 ✕ 桃源 02

「不要以為來學布農人打獵，就只是學操作器械、追蹤技巧等等獵技，那些真的僅僅算雕蟲小技，除此之外要學的東西多著呢！」現任桃源鄉代表的海舒勒輕吐著菸圈，眼睛望向遠山，恍惚一下子他的靈魂已到了他熟悉的山林間；突然，海舒勒大聲地說，一個好的布農獵人，大多是從小跟著長輩進出山林、耳濡目染，身教言教中累積出來的，從獵人學校中學到的真的只是皮毛而已。

師專畢業後，在東岸、南部等地原住民小學教了30 年，最後終於如願回到桃源國小任教並退休，海舒勒回首偏遠部落教育歷程，深深感受原住民教育扎根的重要，從學習中可認識到族群、部落的歷史、

發展、遷徙、福禍等過程，讓孩子更貼近的理解祖輩艱辛及生存之道，也能實地的讓孩子看到祖先與山林溪河相依相生的道理。

體認教育扎根重要 開辦獵人學校

當年原民小學平均一班約有 30 個學生，在他去年退休前，一班能有 15 人就很好了，海舒勒感慨地表示，很多族人為了生活而去外地工作定居，但孩子的成長及教育就得跟著外人一起，外流的族人越多，下一代的部落文史失落的越明顯，有鑑於此，他才想到可以藉著開辦獵人學校活動，讓孩子們有機會回到部落學習，當然也會有非原住民報名參加，海舒勒說反正他是抱著「推廣布農文化」的出發點，倒沒那麼在意其他族群的人來學習。

在台灣所有原住民族中，布農族是活動力最強、移動率最高的族群，幾乎整個中央山脈都有布農人走過或住過的足跡，所以被譽為「中央山脈守護者」，由於長期生活在自然山林中，對動植物的熟識度也有一套，傳統上，布農人是游耕與狩獵並重的生活方式，當然，傳統上打獵一定是男人的事，

女性不能參與，連與狩獵相關的射耳祭儀典都不能有女人在場。

禁獵逐漸鬆綁 兼顧原民文化傳承

不過，這個與布農族發展史關聯極深的狩獵文化，在動物保育觀念普及、尊重生命理念興盛後，遭到歷代政權箝制，尤其在「國家公園」政策落實後，「禁獵」，更成為一項被許多原住民視為剝削生存能力的不文明規範；布農人當然亦受管束，許多傳統山林獵場不是封山禁入，就是禁獵，如此一來，許多布農狩獵智慧與技術，甚至儀典意義及價值將面臨失傳困境。

好在各方積極奔走遊說下，主管機關目前已有逐漸鬆綁之趨勢，當然全面開放是不可能的，但在兼顧環境生態保育及原民文化的原則下，各界皆期待能修訂出更周延的規範以供依循。海舒勒當然是期待開放狩獵的，但他也知道禁獵期久了，許多祖輩狩獵的文化、禁忌、技能、智慧可能都被歲月稀釋了，於是他重拾記憶，回想幼時隨父祖叔伯們入山的情景，將長輩們耳提面命的一些規定及忌諱重新輸入腦海，等這些寶貴的資料蒐羅得差不多了，就

上網公告開辦「獵人學校、山林自然體驗」課程。

三天兩夜走入山林 耆老、獵人當教練

他記得前後辦過 4 個梯次，每次約 15～25 人，共辦了三年，海舒勒說為了兼顧農耕人力需求，所以都選擇在十月以後辦學，因可避開農收季及颱風季，而且台灣的冬雨季還未到，山裡溪流水量較穩定，氣候變化較小，相對安全的多；一般而言，會安排三天兩夜的山林體驗課程，當然，他會找部落內曾有狩獵及野外求生實務經驗及技能的族人來當教練，也會請耆老來講述傳統狩獵文化、祭儀等文史民俗課程，至於什麼人才能報名呢？海舒勒拍拍腿腳、胸膛，健康、體能是很重要的條件，不要只是好奇心作祟就報名，到時沒那個身體是負荷不了山林試煉的。

一心一意想推展布農文化及產業的海舒勒說，在從學校退休後，為了參選區代表，分身乏術下只好停辦獵人學校課程，如今雖當了代表，沒想到更忙了，目前是寄望有擅長此道也有心推廣及傳承的族人願意接手，既有收入又有意義，他可以義務提供過去經驗；在網路上招生，應設哪些條件？海舒勒

說當然體能優先，其次就是年齡，如未成年也得高
中以上，且附家長同意書，女性也可報名，但不可
碰獵具只能旁觀隨行，一般而言一個教官帶 7、8 人
最好，真正的獵人要有 2 位，揹工 2 人，領隊 1 人，
還要很多隻獵狗。

獵犬也有學問 學員負重玩真的

說到獵犬，海舒勒說這裡面學問很大，首先獵犬
要分日犬跟夜犬，日犬晚上不要跟，就算要跟也不
能帶頭，因為一般日犬到了夜間視線視力都會比較
差，所以夜獵要帶夜犬，還要將獵犬分為追蹤犬及
撕咬犬，此外，領頭犬是不可或缺的，有了領頭犬，
犬隻才會成為團隊，如果獵犬功能健全，獵人會比
較輕鬆。

剛說到學員年齡，為何一定要高中以上？海舒勒
說，年紀小或青少年心性不定玩心重、好奇心也重，
很難帶，在山林裡會有安全顧慮，反之，年齡太大
也最好別來，怕一個人社會打滾久了，對很多事都
有先入為主之見，很難溝通；過去幾梯次也收過女
學員，體力很好配合度高，雖然不能碰獵具，但實
際參與及體驗山林生活，她們也覺得值了。

一般而言，布農獵人會有哪些配備？海舒勒彎著指頭一個一個介紹，①網袋：揹物品，②火具：打火機、火柴，③雨鞋：防蛇蟲、利涉水，④食物：米、麩、鹽、其他乾糧，⑤帽子：保護頭部，⑥刀具：一般長刀：砍木劈枝，分解動物軀體，小刀：切肉條、細部解離骨肉皮，⑦槍：長管獵槍，⑧頭燈：夜間照路，照林，照動物，⑨雨具：三天以上才用的到。算一算這些隨身配備器物，十幾公斤跑不掉的，所以肌耐力、腿力很重要，過程中爬山涉水攀上躍下所在多有，還好之前幾個梯次學員都咬牙硬撐過關了。

重視狩獵禁忌也多 打噴嚏就要停止

布農族是很重視狩獵的族群，所以對打獵各個環節都很講究，於是相關的禁忌就很多，海舒勒簡述了幾個，他說其實還有別的，但一時想不起來：①獵人出發前要連做三、四天好夢，象徵出獵順利平安、收穫豐富；②出獵前不要打噴嚏，動物會聽到跑進深山躲起來，就獵不到了，還不如不出獵；③出發前不要被別人登門拜訪，尤其還被問去哪打獵？想獵什麼？④出發前不要接近有病痛、有喪事

的人；在狩獵途中，如看到一種名為 Ba TU Hazam 的鳥由左向右飛，就是可以繼續打獵，如果由右飛向左，獵人就不要再前進，最好收拾一下回家吧。

如果途中下雨還要繼續嗎？海舒勒說，布農獵人對出獵行動是很重視的，經過諸多檢視才成行，表示是有祖靈庇佑的，除非遇到超級颱風、百年豪雨、天災地變，否則不會因風雨而止步的。在狩獵過程中，要會辨識獸徑上的腳印，是哪種動物的，要會分公母，還要看出行進方向，動物體重、年齡，更要認出是幾天前的留印，是否有傷病？（也可從動物排遺看出），布農人以往會以山豬、山羊、山羌、水鹿、猴子、飛鼠為獵物，不會主動獵熊，（布農族視獵熊為禁忌，情非得已獵了熊，獵物不能進家宅只能放工寮，不要聲張低調分食）。

此外，用獵具捕殺到的獵物才是勇士行為，若用捕獸陷阱抓的，千萬別宣揚，很不光彩，也不要高調分食，只有「人獵、犬獵」的獵物才能分享，才被族人尊敬。在分食過程，獵物最好吃的部分要獻給長老、老人家食用，不能私藏暗槓，否則會帶來下次狩獵歹運的可能性。

好的獵人絕對是謙遜的

坐在桃源布農文物展示館外石階上，海舒勒說得神采飛揚，看得出來，他體內獵人神經已經繃上了，他說，你絕不會聽到一個布農獵人吹噓過去的種種「獵史、獵功、獵績」，因為真正的好獵人是謙卑、遜讓的，縱使一個人獵了一隻逾百公斤的水鹿，也會拚命燻烤後獨力揹回部落，還要不時感謝祖靈山神庇佑，讓他順利平安帶回獵物跟族人分享。

海舒勒以為，這種發自內心的謙遜，才是布農人的本質，而這種謙遜，才發展出布農人敬天尊靈的文化民俗，這是他全心全意奉獻精力傳承的一種精神，辦理獵人學校課程體驗山林生活，只是其中一個環節罷了，推廣布農文化的志業，還有長路要走。

{ Tips }

Kaa tu tusanus namaz a izan l，na macis bai a cici。
不要在打獵前說要獵什麼動物，因為牠聽到就跑掉了。

哈囉!山上的朋友：台20號南橫公路之旅/ 葉思吟作. -- 初版.
-- 臺北市：時報文化出版企業股份有限公司, 2021.01
　面；　公分. --（時報悅讀；36）
ISBN 978-957-13-8506-8（平裝）

1.臺灣傳記 2.訪談

　　　　　783.31　　109020209

■特別感謝
2020 高雄市政府文化局書寫高雄出版獎助
2018 高雄市政府文化局書寫高雄文學創作獎助

時報悅讀 36
哈囉!山上的朋友：台 20 號南橫公路之旅

作　　者｜葉思吟

協 作 者｜吳治華

企劃主編｜葉思吟

責任編輯｜廖宜家

副 主 編｜謝翠鈺

插畫封面｜林韋達

美　　編｜張蕙茹

董 事 長｜趙政岷

出 版 者｜時報文化出版企業股份有限公司
108019 台北市和平西路三段 240 號 7 樓　（02)2306-6842
讀者服務專線 0800-231705、(02)2304-7103
讀者服務傳真 (02)2304-6858
郵撥：19344724　時報文化出版公司
信箱：10899　台北華江橋郵局第九九信箱
時報悅讀網：http://www.readingtimes.com.tw
法律顧問：理律法律事務所　陳長文律師、李念祖律師
印刷：金漾印刷有限公司
初版一刷
2021 年 1 月 15 日
定價：新台幣 280 元
缺頁或破損的書，請寄回更換

時報文化出版公司成立於 1975 年，並於 1999 年股票上櫃公開發行，於
2008 年脫離中時集團非屬旺中，以「尊重智慧與創意的文化事業」為信念。

〔由衷致謝〕

高雄市政府文化局
時報文化出版公司 董事長 趙政岷先生
&
旅途上所有幫助過我們的朋友

■主編‧作者｜葉思吟
朋友稱「葉子」，喜歡漫步山林步道，
熱中觀察城市與影像文化，經常獨步歐
美旅行。
《小日子享生活誌》專案總監，書寫過
《臺灣有機茶地圖》、《到部落共餐》
繪本，以及主編《到在地家住一晚》、
《美好滋味‧臺灣》、《開一間小店，
大步實現生活想法》、《獨嘉好茶》等
多本特輯，投入《此後》紀錄片、《日
日‧好日》等影片製作。

■協作者｜吳治華
工作退休了，活力依舊在，探索臺灣大
地上人們的心聲是一項永續職志。東南
西北中都長居過，每住一地就對周遭人
事物好奇不已。臺灣不算大，縱橫路程
都不需一天，臺灣很偉大，能冶煉那麼
多樣族群文化於一爐，願用心感受、用
眼觀察、用腳踏訪、用筆記錄於萬一。

■插畫繪圖｜林韋達
現居台北，「爸爸的紅雨傘」繪本創作
者，其他插畫見於繪本，書籍封面。
darling.darling.artstudio@gmail.com